To: Chuck Stewart
From Rita Hernandez wheight

May you be Truly
Bless

4/2015

PRESENTADO A:

_____

POR:

_____

GRACIA

PARA TODO MOMENTO

*Pensamientos
inspiradores para cada
día del año*

Max Lucado

GRUPO NELSON
Una división de Thomas Nelson Publishers
Desde 1798

NASHVILLE   DALLAS   MÉXICO DF.   RÍO DE JANEIRO   BEIJING

© 2001 Max Lucado
Grupo Nelson
Una división de Thomas Nelson, Inc.
Nashville, TN
www.thomasnelson.com

Título en inglés: Grace for the Moment
© 2000 por Max Lucado
Publicado por Thomas Nelson, Inc.

A menos que se haya dicho otra cosa, las citas han sido tomada
de la Versión Reina-Valera 1960
© 1960 Sociedad Bíblica en América Latina.
Otras versiones citdas
Nueva Versión Internacional (NVI)
La Biblia al Día

Traductor: Guillermo Cabrera Leyva

ISBN: 978-0-88113-627-2

Impreso en Singapur
Printed in Singapore
11 12 13 TWP 11 10 9 8 7

Cuando viajo con mis niñas, guardo todos mis tiquetes en un bolso. Cuando llega el momento de abordar el avión o el tren, me coloco entre el empleado de la compañía y las niñas, y a medida que cada una de ellas pasa, pongo en sus manos un tiquete, y ellas se lo entregan al empleado.

Dios hace lo mismo. Él se coloca entre nosotros y nuestra necesidad, esperando ayudarnos. Por esa razón la Biblia dice: «Acerquémonos, pues, confiadamente al trono de la gracia, para alcanzar misericordia y hallar gracia para el oportuno socorro» (Hebreos 4.16).

¿Te fijaste en esas dos últimas palabras? «Oportuno socorro». No muy pronto, ni muy tarde. Sencillamente a tiempo.

Así como mi deber es asegurarme que mis hijas tengan lo que necesitan, Dios se asegurará que tengas lo que necesitas. De su mano recibirás «oportuno socorro».Y a lo mejor quiere usar estas páginas para dártelo.

Gracias especiales a Terri Gibbs por supervisar este proyecto.

Gracias también a mi amiga y ayudante Karen Hill por repasar las páginas.

Mi agradecimiento va dirigido también a Jack Countryman por su apoyo entusiasta y sus valiosas sugerencias en el golf.

Y a ti, lector. Qué gentileza la tuya al invitarme a tu mundo. Que Dios use estos encuentros cotidianos para darte más de Él, para que recibas su gracia en todo tiempo.

MAX LUCADO
Enero de 2001

Cada día…

Todo está en silencio. Es temprano. Mi café está caliente. El cielo aún está negro. El mundo aún duerme. El día se aproxima.

En unos momentos llegará el día estruendosamente con la salida del sol. La quietud del amanecer se tornará en el ruido del día. La calma de la soledad se reemplazará por el golpeteo rítmico de la raza humana. El refugio de la temprana mañana lo invadirán las decisiones que deban tomarse y las obligaciones que deban cumplirse.

Para las próximas doce horas estaré expuesto a las exigencias del día. Es ahora que debo decidir. Gracias al Calvario tengo libertad de escoger. Y por eso escojo.

ESCOJO EL AMOR . . .

Ninguna ocasión justifica el odio; ninguna injusticia justifica la amargura. Escojo el amor. Hoy amaré a Dios y todo lo que Dios ama.

ESCOJO EL GOZO . . .

Invitaré a mi Dios a ser el Dios de la circunstancia. Rehusaré la tentación de ser cínico… la herramienta del pensador holgazán. Rehusaré mirar a las personas como algo menos que seres humanos, creados por Dios, y rehusaré ver en los problemas algo menos que una oportunidad de ver a Dios.

ESCOJO LA PAZ . . .

Viviré perdonado. Perdonaré para poder vivir.

ESCOJO LA PACIENCIA . . .

Pasaré por alto las inconveniencias del mundo. En vez de maldecir a quien toma mi lugar, lo invitaré a hacerlo. En lugar de quejarme porque la espera es demasiado larga, agradeceré a Dios por el tiempo para orar. En lugar de cerrar el puño ante nuevas responsabilidades, las encararé con gozo y valentía.

ESCOJO LA AMABILIDAD . . .

Seré amable con los pobres, pues están solos.
Amable con los ricos, pues tienen temor. Y amable
con los malvados, pues así me ha tratado Dios.

ESCOJO LA BONDAD . . .

Prefiero andar sin un centavo
antes que tomar uno de manera deshonesta. Pasaré
desapercibido antes que ser jactancioso. Prefiero
confesar antes que acusar. Escojo la bondad.

ESCOJO LA FIDELIDAD . . .

Hoy cumpliré mis promesas.
Mis acreedores no lamentarán su confianza. Mis
asociados no cuestionarán mi palabra. Mi esposa no
dudará de mi amor. Y mis hijos nunca temerán
que su padre no regrese al hogar.

ESCOJO LA MANSEDUMBRE . . .

Nada se gana por la fuerza. Escojo ser manso. Si
levanto la voz que sea solo en alabanza. Si cierro el
puño, que sea solo en oración. Si hago exigencias,
que sea solo a mí mismo.

Soy un ser espiritual…
Después que este cuerpo haya muerto,
mi espíritu remontará el vuelo. Rehúso dejar
que lo que se corromperá, impere sobre lo eterno.
Escojo el dominio propio. Me embriagaré solo
de gozo. Solo me apasionará mi fe. Solo Dios
ejercerá influencia sobre mí. Cristo será mi
único maestro. Escojo el dominio propio.

Amor, gozo, paz, paciencia, amabilidad, bondad,
fidelidad, mansedumbre y dominio propio.
A estas virtudes yo consagro mi día.
Si tengo éxito, daré gracias.
Si fracaso, buscaré su gracia.
Y luego, cuando el día haya acabado,
pondré mi cabeza en la almohada
y descansaré.

MAX LUCADO
Cuando Dios Susurra tu Nombre.

Enero

Con mi voz clamaré a Jehová;
con mi voz pediré a Jehová misericordia.

—SALMO 142.1

Dios escucha

Con mi voz clamaré a Jehová; con mi voz pediré a Jehová misericordia.

SALMO 142.1

Puedes hablarle a Dios porque Dios escucha. Tu voz tiene importancia en el cielo. Él te toma muy en serio. Cuando entras en su presencia, se vuelve para oír tu voz. No tienes que temer que no se fije en ti. Aun si tartamudeas o tropiezas, aun si lo que tienes que decir no impresiona a nadie, sí impresiona a Dios, y Él te escucha. Él escucha la dolorosa súplica del anciano en el asilo. Escucha la ruda confesión del condenado a muerte. Cuando el alcohólico ruega por misericordia, cuando el esposo o la esposa pide orientación, cuando el empresario pasa de la calle a la capilla, Dios escucha.

Atentamente, cuidadosamente.

La Gran Casa de Dios

Un Pueblo Escogido

Mas vosotros sois linaje escogido, real sacerdocio, nación
santa, pueblo adquirido por Dios.

1 PEDRO 2.9

¿Te ha parecido alguna vez que nadie se fija en ti? La ropa nueva y los nuevos estilos pueden ayudar por cierto tiempo. Pero si deseas un cambio permanente, aprende a verte como Dios te ve: «En gran manera me gozaré en Jehová, mi alma se alegrará en mi Dios; porque me vistió con vestiduras de salvación, me rodeó de manto de justicia, como a novio me atavió, y como a novia adornada con sus joyas» (Isaías 61.10).

¿Ha decaído tu autoestima alguna vez? Cuando esto ocurra, recuerda lo que vales. «Fuisteis rescatados de vuestra vana manera de vivir no con cosas corruptibles, como oro o plata, sino con la sangre preciosa de Cristo, como de un cordero sin mancha y sin contaminación» (1 Pedro 1.18-19).

El reto está en que recuerdes eso. Que medites en eso. Que te concentres en eso. Que permitas que su amor cambie la manera que te ves.

Cuando Cristo Venga

Preocupación por gusto

Joven fui, y he envejecido,
y no he visto justo desamparado,
ni su descendencia que mendigue pan.

PSALM 37:25

Solemos preocuparnos. Nos preocupamos de cuestiones financieras, escolares y legales. Nos preocupamos de que no vayamos a tener dinero suficiente, y cuando lo tenemos nos preocupamos de que no vayamos a administrarlo bien. Nos preocupamos de que el mundo se acabe antes de que expire el tiempo en el reloj del estacionamiento. Nos preocupamos de lo que el perro piense si nos ve salir de la ducha. Nos preocupamos de que algún día nos enteremos de que el yogur libre de grasa nos engordaba.

Francamente, ¿te salvó Dios para que te preocuparas? ¿Te enseñó a caminar solo para verte caer? ¿Se dejaría clavar en la cruz por tus pecados para después desatender tus oraciones? Vamos, hombre. ¿Se burla de nosotros la Biblia cuando dice: «A sus ángeles mandará acerca de ti, que te guarden en todos tus caminos» (Salmo 91.11).

Yo tampoco lo creo.

En Manos de la Gracia

Restauración Completa

[Debemos comprender] la supereminente grandeza
de su poder para con nosotros los que creemos.

EFESIOS 1.19

A Dios le gusta decorar. Dios tiene que decorar. Permítasele vivir mucho tiempo en un corazón y ese corazón comenzará a cambiar. Los cuadros de dolor serán reemplazados por paisajes de gracia. Los muros de ira caerán demolidos y se restaurarán los débiles cimientos. Dios no puede dejar una vida sin cambiar, como no puede una madre dejar sin secar las lágrimas de un hijo.

Esto podría explicar algunas de las molestias en tu vida. La remodelación del corazón no es siempre grata. No objetamos cuando el Carpintero agrega unos cuantos entrepaños, pero se le conoce por echar abajo toda el ala derecha de la estructura. Él aspira a grandes cosas contigo. Dios prevé una restauración completa, y no se detiene hasta que termina… Quiere que seas como Jesús.

Como Jesús

No te Pierdas la Respuesta de Dios

¿Hay para Dios alguna cosa difícil?

GÉNESIS 18.14

El Dios de las sorpresas se manifiesta otra vez… Dios lo hace a los que son fieles. Justo en el momento que la matriz es demasiado vieja para concebir, Sarai queda embarazada. Justo en el momento que el fracaso excede a la gracia, David recibe el perdón…

¿La lección? Tres palabras. No te rindas…

¿Es largo el camino? No te detengas…

¿Está negra la noche? No abandones.

Dios está mirando… Y puede que sin que lo sepas… Tal vez el cheque está en el correo.

Quizá una disculpa esté en proceso de elaboración.

A lo mejor el contrato de trabajo está sobre el escritorio.

No te rindas. Si lo haces, es posible que pierdas la respuesta a tus oraciones.

Todavía Remueve Piedras

En Casa Con Dios

El que me ama, mi palabra guardará;
y mi Padre le amará, y vendremos
a él, y haremos morada con él.

JUAN 14.23

Dios desea ser tu morada. No tiene interés en ser una salida para un fin de semana, ni una casita playera para el domingo ni una cabaña para el verano. No pienses usar a Dios como choza para vacaciones ni como tu futuro hogar para retirados. Él quiere que estés bajo su techo ahora y siempre. Quiere ser tu dirección postal, tu punto de referencia. Quiere ser tu hogar.

Para muchos esta es una nueva idea. Pensamos en Dios como una deidad para discutir, no un lugar para vivir. Concebimos a Dios como un misterioso hacedor de milagros, no como una casa para vivir en ella. Pensamos en Dios como Creador para pedirle, no como un hogar para residir en Él. Pero nuestro Padre desea ser mucho más. Él quiere ser uno en quien «vivimos, nos movemos y somos» (Hechos 17.28).

La Gran Casa de Dios

La Base del Valor

Seré propicio a sus injusticias,
y nunca más me acordaré de sus pecados.

HEBREOS 8.12 NVI

«Ahora, ninguna condenación hay para los que están en Cristo Jesús» (Romanos 8.1).

«[Dios] justifica al que es de la fe de Jesús» (Romanos 3.26).

Para los que están en Cristo, estas promesas no son solo fuente de gozo. Son también la base de nuestro valor. Está garantizado que tus pecados serán pasados por un tamiz, escondidos y cubiertos por el sacrificio de Jesús. Cuando Dios te mira, no te ve a ti, sino a alguien que te rodea. Esto significa que un fallo no debe ser motivo de preocupación para ti. Tu victoria está segura. No hay nada que temer.

El Aplauso del Cielo

El Agua del Siervo

*Luego puso agua en un lebrillo, y comenzó
a lavar los pies de sus discípulos, y a enjugarlos
con la toalla con que estaba ceñido.*

Colocar nuestros pies en el lebrillo de Jesús
es colocar las partes más sucias de nuestra vida en sus
manos. En el antiguo Oriente, los pies de las personas se embarraban de lodo y suciedad. Al sirviente
en una fiesta le correspondía hacer que los pies estuviesen limpios. Jesús asume el papel del sirviente. Él
lavará la parte más sucia de tu vida.

Si se lo permites. El agua del Sirviente viene solo
cuando confesamos que estamos sucios. Solo cuando confesamos que estamos embarrados de
inmundicia, que hemos andado por caminos prohibidos y que hemos seguido sendas equivocadas.

Nunca estaremos limpios mientras no confesemos que estamos sucios. Nunca seremos puros hasta
que reconozcamos que estamos mugrientos. Y nunca
podremos lavar los pies de quienes nos han herido
mientras no permitamos a Jesús, a quien hemos herido, que nos lave los nuestros.

El Trueno Apacible

Nuestro Sumo Sacerdote

No tenemos un sumo sacerdote que no pueda compade-cerse de nuestras debilidades, sino uno que fue tentado en todo según nuestra semejanza, pero sin pecado.

HEBREOS 4.15

 Mira como J. B. Phillips traduce Hebreos 4.15:

No tenemos un Sumo Sacerdote sobrehumano que no comprende nuestras debilidades. Él mismo participó plenamente en toda la experiencia de tentación, excepto que nunca pecó.

Es como si supiera que le vamos a decir a Dios: «Dios, para ti allá arriba es fácil. No sabes cuán difícil es acá abajo». Por eso proclama osadamente que Jesús puede entender. Veamos las palabras otra vez.

Él mismo. No un ángel. No un embajador. No un emisario, sino Jesús mismo.

Participó plenamente. No parcialmente. No aproximadamente. No en gran medida. ¡Del todo! Jesús compartió plenamente.

En toda la experiencia. Cada herida. Cada dolor. Todo el estrés, toda la tensión. Sin excepciones. Sin sustitutos. ¿Por qué? Para poder identificarse con nuestras debilidades.

En el Ojo de la Tormenta

Hecho Para el Cielo

Mi reino no es de este mundo.

La infelicidad en la tierra fomenta el hambre del cielo. Impartiéndonos con su gracia una profunda insatisfacción, Dios despierta nuestra atención. La única tragedia, en este caso, es sentirse satisfecho prematuramente. Conformarse con la tierra. Estar contento en una tierra extraña.

No nos sentimos felices aquí porque aquí no estamos en casa. No somos felices aquí porque no podemos ser felices aquí. Somos «extranjeros y peregrinos en este mundo» (1 Pedro 2.11).

Nunca seremos completamente felices sobre la tierra porque no estamos hechos para la tierra. Claro, tendremos momentos de gozo. Captaremos vislumbres de luz. Conoceremos momentos y aún días de paz. Pero estos no pueden compararse con la felicidad que se halla más adelante.

Cuando Dios Susurra tu Nombre

Presencia Fiel

> *El Hijo del Hombre vino a buscar*
> *y a salvar lo que se había perdido.*
>
> LUCAS 19.10

Nuestro Dios es el Dios que nos sigue. ¿Lo has sentido siguiéndote? Él es el que viene a buscar y a salvar lo perdido. ¿Lo has sentido buscándote?

¿Has sentido su presencia mediante la bondad de un extraño? ¿A través de la majestad de una puesta de sol o del misterio de un romance? ¿Por medio de la pregunta de un niño o la dedicación de una esposa? ¿Lo has sentido a través de una palabra bien hablada o un toque bien oportuno?

Dios mismo se nos da a nosotros. Aún cuando preferimos nuestro cobertizo a su casa y nuestra basura a su gracia, Él nos sigue. Nunca nos fuerza. Nunca nos deja. Persiste pacientemente. Fielmente presente. Él usa todo su poder para convencernos de que Él es quien es y que podemos confiar en que nos llevará al hogar.

El Regalo Para Todas las Personas

¿Quién es el Sirviente?

Marta se preocupa de sus muchos quehaceres …
Pero María ha escogido la buena parte,
la cual no le será quitada.

LUCAS 10.40–42

 Marta está preocupada por algo bueno. Tiene a Jesús invitado a comer. Está literalmente sirviendo a Dios. Su objetivo era complacer a Jesús. Pero cometió un común, aunque peligroso error. A medida que rendía una labor para Él, su labor se hizo más importante que el Señor. Lo que comenzó como un modo de servir a Jesús, lenta y sutilmente se convirtió en un modo de servirse a sí misma… Se ha olvidado de que la comida es para honrar a Jesús, y no a ella…

Es fácil olvidar quién es el sirviente y quién va a ser servido.

Todavía Remueve Piedras

Pensando en ti

*Sean conocidas vuestras peticiones delante de Dios en
toda oración y ruego, con acción de gracias.*

FILIPENSES 4.6

El cielo no distingue entre el domingo por
la mañana y el miércoles por la tarde. Dios anhela
hablar con tanta claridad en el centro de trabajo
como lo hace en el santuario. Anhela que lo adoremos también cuando nos sentamos en la mesa de
comer y no solo cuando vamos a la mesa de la comunión. Puedes pasar días sin pensar en Él, pero no hay
un momento en que Él no esté pensando en ti.

Sabiendo esto, entendemos el riguroso objetivo
de Pablo: Llevar «cautivo todo pensamiento a la obediencia a Cristo» (2 Corintios 10.5). Podemos comprender por qué nos insta a «orar sin cesar» (1
Tesalonicenses 5.17), a ser «constantes en la oración»
(Romanos 12.12) y a «perseverar en la oración»
(Colosenses 4.2).

La Gran Casa de Dios

Tal Como Eres

*La actitud de ustedes
debe ser como la de Cristo Jesús.*

FILIPENSES 2.5 NVI

 Es peligroso resumir grandes verdades en una declaración, pero voy a intentarlo. Si una oración o dos pudieran captar el deseo de Dios en cuanto a cada uno de nosotros, podría leerse como sigue:

Dios te ama tal como eres, pero no quiere dejarte así. Quiere que seas como Jesús.

Dios te ama tal como eres. Si piensas que su amor por ti sería más fuerte si tu fe lo fuera, estás equivocado. Si piensas que su amor sería más profundo si tus ideas lo fueran, otra vez estarías equivocado. No confundas el amor de Dios con el amor de las personas. El amor de la gente a menudo aumenta con la actuación y decrece con los errores. No es así con el amor de Dios. Él te ama ahí donde estás.

Como Jesús

Las Buenas Dádivas de Dios

Toda buena dádiva y todo
don perfecto desciende de lo alto.

SANTIAGO 1:17

¿Has sentido alguna vez que no tienes nada?
Fíjate solamente en los regalos que Dios te ha dado:

Él ha enviado a su ángel para que te cuide, su
Espíritu Santo para que more contigo, su
Iglesia para estimularte y su palabra para
guiarte.

Cada vez que hablas, te oye; haces una petición y te responde.

Nunca dejará que seas tentado demasiado ni
que tropieces en exceso.

Si una lágrima aparece en tu mejilla, allí está
Él para enjugarla.

Deja que un soneto de amor brote de tus
labios, y allí estará Él para escucharlo.

Por mucho que quieras verlo, mucho más
desea Él verte a ti.

Cristo te ha escogido… Ha proclamado que
eres su amor.

Cuando Cristo Venga

El Tiempo Oportuno de Dios

¿Y acaso Dios no hará justicia
a sus escogidos, que claman a él día y noche?
¿Se tardará en responderles?

LUCAS 18.7

¿Por qué Dios espera hasta que el dinero se acabe? ¿Por qué espera hasta que la enfermedad se extienda? ¿Por qué prefiere esperar hasta el otro lado de la tumba para responder a las oraciones de sanidad?

No lo sé. Solo sé que su llegada es siempre oportuna. Solo puedo decir que hará lo que es mejor.

Aunque no escuches nada, está hablando. Aunque no veas nada, está actuando. Con Dios no hay accidentes. Todo incidente está encaminado a acercarnos más a Él.

El Trueno Apacible

Vestimentos de Salvación

Es necesario que esto corruptible se vista de incorrupción,
y esto mortal se vista de inmortalidad.

1 CORINTIOS 15.53

¿Le importa a Jesús qué ropa usamos?

Parece que sí. La Biblia nos dice exactamente el vestuario que Dios desea.

«Vestíos del Señor Jesucristo, y no proveáis para los deseos de la carne» (Romanos 13.14).

«Todos sois hijos de Dios por la fe en Cristo Jesús; porque todos los que habéis sido bautizados en Cristo, de Cristo estáis revestidos» (Gálatas 3.26-27).

Este vestuario nada tiene que ver con vestidos, pantalones de mezclilla ni trajes. Lo que a Dios le interesa es nuestro vestuario espiritual. Él ofrece una ropa celestial que solo el cielo puede ver y solo el cielo puede dar. Atiende a las palabras de Isaías: «Mi alma se alegrará en mi Dios; porque me vistió con vestiduras de salvación y me rodeó de manto de justicia» (Isaías 61.10).

Cuando Cristo Venga

Semillas de Paz

Siembren ustedes justicia
y recojan cosechas de amor.
Preparen la tierra para un nuevo cultivo..

OSEAS 10.12 NVI

¿Deseas ver un milagro? Siembra una palabra de amor profundamente en la vida de una persona. Abónalo con una sonrisa y una oración, y mira lo que pasa.

Un empleado recibe un elogio. Una esposa recibe un ramo de flores. Se hornea una torta y se lleva a la puerta del vecino. Se le da un abrazo a una viuda. El empleado de una gasolinera recibe un galardón. Se elogia a un predicador.

Sembrar semillas de paz es como sembrar frijoles. No sabemos por qué surte efecto; solo sabemos que lo surte. Las semillas se siembran, y el humus de la ofensa desaparece.

No olvides el principio. Nunca subestimes el poder de una semilla.

El Aplauso del Cielo

Un Lugar Seguro

Yo estoy con vosotros todos los días . . .

MATEO 28.20

David, el hombre conforme al corazón de Dios, dijo: «Una cosa he demandado a Jehová, ésta buscaré; que esté yo en la casa de Jehová todos los días de mi vida» (Salmo 27.4).

¿Cuál es la casa de Dios que buscaba David? ¿Está David describiendo una estructura física? ¿Sueña él con un edificio de cuatro paredes y una puerta por la cual pueda entrar pero nunca salir? No. Nuestro Dios «no habita en templos hechos por manos humanas» (Hechos 17.24). Cuando David dice «en la casa de Jehová moraré por largos días» (Salmo 23.6), no está diciendo que quiere alejarse de la gente. Está diciendo que anhela estar en la presencia de Dios, dondequiera que esté.

La Gran Casa de Dios

Un Mundo Sin Pecado

Morará el lobo con el cordero,
y el leopardo con el cabrito se acostará.

¿Puedes imaginar un mundo sin pecado? ¿Has hecho algo recientemente a causa del pecado?

Como mínimo, te has quejado. Te has preocupado. Has refunfuñado. Has acumulado cuando debiste haber compartido. Te has alejado cuando debiste haber ayudado…

Por causa del pecado has ofendido a quienes amas y has disputado con quienes estimas. Y te has sentido avergonzado, culpable y amargado.

El pecado ha originado miles de dolores de cabeza y ha roto millones de promesas. Tu adicción puede tener su origen en el pecado. Tu desconfianza puede tener su origen en el pecado. La intolerancia, el robo, el adulterio, todos vienen del pecado. Pero en el cielo todo esto terminará.

¿Puedes imaginarte un mundo sin pecado? Si puedes, también podrás imaginarte el cielo.

Cuando Cristo Venga

Un corazón como el suyo

Nosotros somos barro, y tú el que nos formaste;
así que obra de tus manos somos todos nosotros.

ISAÍAS 64.8

Dios quiere que seamos como Jesús.

¿No es esto una buena noticia? No estás condenado a seguir con la personalidad que tienes hoy, ni a ser un «cascarrabias» para siempre. Puedes cambiar. Aún si todos los días estás preocupado, no tienes que estarlo por el resto de tu vida. ¿Y qué si naciste lleno de prejuicios? No tienes que morir así.

¿De dónde vino la idea de que no podemos cambiar? ¿De dónde vienen frases como: «Es mi naturaleza el estar preocupado», o «Siempre seré pesimista. Así es que soy». ¿Haremos afirmaciones semejantes sobre nuestros cuerpos? «Es por naturaleza que tengo una pierna fracturada. No puedo remediarlo». Claro que no. Si nuestro organismo no funciona bien, buscamos remedio. ¿No haremos lo mismo con nuestro corazón? ¿No buscaremos ayuda para nuestras actitudes amargas? ¿No podemos solicitar tratamiento para nuestros rasgos egoístas? Claro que podemos. Jesús puede cambiar nuestro corazón. Él quiere que tengamos un corazón como el suyo.

Como Jesús

El Jesús Alcanzable

Él es el que en nuestro abatimiento se acordó de nosotros,
porque para siempre es su misericordia.

SALMO 136.23

Dios decidió revelársenos en un cuerpo humano.

La lengua que llamó de la tumba a un muerto fue una lengua humana. La mano que tocó al leproso tenía tierra en las uñas. Los pies sobre los que la mujer lloró eran pies callosos y llenos de polvo. Y sus lágrimas…ah, no olvides sus lágrimas… brotaron de un corazón tan quebrantado como el tuyo o el mío jamás lo han estado.

La gente lo buscaba. ¡Cielos, cómo acudían a Él! Iban de noche; lo tocaban cuando caminaba por las calles; lo seguían por el mar; lo invitaban a sus casas y colocaban a sus hijos a sus pies. ¿Por qué? Porque no quería ser una estatua en una catedral ni un sacerdote en un púlpito elevado. Prefirió ser un Jesús que se pudiera tocar, un Jesús accesible a quien se pudieran acercar.

Dios se Acercó

Bendiciones en la Mesa del Señor

*Preparas mesa delante de mí,
en presencia de mis angustiadores.*

SALMO 23.5

Haz una pausa e imagínate la escena en el regio comedor de Dios…

Dirigido no por nuestra belleza sino por su promesa, nos llama a todos hacia su persona y nos invita a ocupar un sitio permanente en su mesa. Tomamos nuestro lugar junto a otros pecadores hechos santos y compartimos allí la gloria de Dios.

¿Me permites ofrecerte una lista parcial de lo que te espera en su mesa?

Eres libre de condenación (Romanos 8.1).

Eres ciudadano de su Reino
(Colosenses 1.13).

Has sido adoptado (Romanos 8:15).

Tienes acceso a Dios en cualquier momento
(Efesios 2.18).

Nunca serás abandonado (Hebreos 13.5).

Tienes una herencia imperecedera
(1 Pedro 1.4).

En Manos de la Gracia

El Cristo Compasivo

Y salió Jesús y vio
una gran multitud, y tuvo compasión de ellos;
y comenzó a enseñarles muchas cosas.

MARCOS 6.34

Cuando Jesús llega a las orillas de Betsaida, deja el Mar de Galilea y pasa al mar de la humanidad. Fíjate que ha cruzado el mar para escapar de las multitudes. Necesita concentrarse. Anhela relajarse con sus seguidores. Necesita cualquier cosa menos otra multitud de miles de personas a quienes enseñar y sanar.

Pero su amor por las personas supera su necesidad de descanso…

Muchos de los que sanó nunca le dirían «gracias», pero los sanó de todos modos. A la mayoría les interesaba más estar saludables que ser santos, pero los sanó de todos modos. Muchos de los que le pedían pan, pedirían a gritos su sangre meses más tarde, pero los sanó de todos modos… Sentía compasión por ellos.

En el Ojo de la Tormenta

Adoptados por Dios

*El Espíritu mismo da testimonio a
nuestro espíritu, de que somos hijos de Dios.*

ROMANOS 8.16

Cuando vamos a Cristo, Dios no solamente
nos perdona, sino que nos adopta. Mediante una
dramática serie de acontecimientos pasamos de
huérfanos condenados y sin esperanza a hijos adoptivos sin temor. Así es como ocurre. Vamos ante el
tribunal de Dios culpables de rebelión y de faltas.
Conforme a su justicia no puede dejar de considerar
nuestro pecado, pero conforme a su amor no puede
dejar de considerarnos. Por eso, mediante un acto
que dejó atónito a los cielos, se castigó a sí mismo en
la cruz por tus pecados. La justicia y el amor de Dios
quedaron igualmente satisfechos. Y nosotros, creación de Dios, somos perdonados. Pero la historia no
termina con el perdón de Dios…

Bastaría solo que Dios limpiara nuestro nombre, pero Él hace más. El nos da su nombre.

La Gran Casa de Dios

Vigila tu Proceder

Y el mismo Jesucristo Señor nuestro, y
Dios nuestro Padre ... conforte vuestros corazones y os
confirme en toda buena palabra y obra.

2 TESALONICENSES 2.16,17

«Señor, ¿no te da cuidado que mi hermana me deje servir sola?» (Lucas 10.40).

La vida de Marta estaba complicada y necesitaba una tregua. «Marta, Marta, afanada y turbada estás con muchas cosas», le respondió el Maestro. «Sólo una cosa es necesaria, y María ha escogido la buena parte» (Lucas 10.41-42).

¿Qué había escogido María? Había escogido sentarse a los pies de Cristo. Dios se complace más con la quieta atención de un sirviente sincero, que del bullicioso servicio de un amargado.

Más que el tipo de servicio, le importa el corazón del que sirve. Una actitud incorrecta echa a perder la ofrenda que dejamos en el altar de Dios.

Todavía Remueve Piedras

Eres Algo Especial

Nada … nos podrá separar del amor de Dios.

ROMANOS 8.39

¿Cuánto durará el amor de Dios? No solo el Domingo de Resurrección cuando los zapatos nos brillan y el cabello está peinado. Ni cuando me siento animoso y positivo y listo para atacar el hambre mundial. Entonces no. Porque yo sé cómo se siente entonces respecto de mí. Hasta yo mismo me gusto entonces.

Quiero saber qué piensa de mí cuando reacciono bruscamente ante lo que se mueve, cuando mis pensamientos no son puros, cuando mi lengua corta hasta una roca. ¿Qué piensa entonces de mí?

¿Puede algo separarnos del amor que Cristo tiene por nosotros?

Dios respondió a nuestra pregunta antes de que se lo preguntásemos. Para que viéramos su respuesta, iluminó el cielo con una estrella; para que la escucháramos, llenó la noche con un coro; para que la creyéramos, hizo lo que ningún hombre jamás había soñado. Se hizo carne y habitó entre nosotros.

Puso su mano sobre el hombro de la humanidad y dijo: «Ustedes son algo especial».

En Manos de la Gracia

Una Idea y una Esperanza

Y él le dijo: Hija, tu fe te ha hecho salva;
ve en paz y queda sana de tu azote.

MARCOS 5.34

Quizás todo lo que tienes es una loco idea y una gran esperanza. No tienes nada más que ofrecer. Pero estás herido. Y todo lo que tienes para ofrecerle es tu herida. hunch

Quizás eso te ha alejado de Dios. Ah, has dado un paso o dos hacia Él. Pero viste a otras personas a su alrededor. Parecían tan limpias, tan pulcras, tan arregladas y correctas en su fe. Y cuando las viste, bloquearon tu visión de Él. Así que te volviste atrás.

Si eso te describe, observa cuidadosamente a alguien que Cristo elogió por tener fe. No era un rico dadivoso. No era un seguidor fiel. No era un maestro reconocido. Fue un pobre paria avergonzado —una mujer que venía sangrando por doce años— que se aferró a la corazonada de que Él podía y a la esperanza de que Él lo haría.

Lo cual, dicho sea de paso, no es una mala definición de la fe. *La convicción de que Él puede y la esperanza de que lo hará.*

Todavía Remueve Piedras

Un Corazón en Paz

La sabiduría que es de lo alto es primeramente pura, después pacífica, amable, benigna, llena de misericordia y de buenos frutos, sin incertidumbre ni hipocresía.

SANTIAGO 3.17

El corazón de Jesús era puro. Miles adoraban al Salvador, pero Él se contentaba con una vida sencilla. Las mujeres lo cuidaban (Lucas 8.1-3), pero nunca se le acusó de tener pensamientos lujuriosos; menospreciado por su propia creación, pero dispuesto a perdonarlos aún antes de que pidieran su misericordia. Pedro, quien anduvo con Jesús por tres años y medio, lo describió como un «cordero sin mancha y sin contaminación» (1 Pedro 1.19).

Luego de pasar el mismo tiempo con Jesús, Juan dijo: «Y no hay pecado en él» (1 Juan 3.5).

El corazón de Jesús tenía paz. Los discípulos se inquietaron por la necesidad de alimentar a miles, pero Jesús no. Él dio gracias a Dios por el problema. Los discípulos gritaron atemorizados en la tormenta, pero Jesús no. Dormía tranquilamente. Pedro sacó la espada para combatir a los soldados, pero Jesús no. Él extendió su mano para sanar. Su corazón tenía paz.

Como Jesús

Dios Sana Nuestras Heridas

Tenía compasión de ellos.

MATEO 14.14

La palabra griega que se traduce compasión es *splancnizomai*, que seguramente no significa mucho para ti, a menos que estés en la profesión médica y estudiaras «esplancnología» en la universidad. Si es así, recordarás que «esplancnología» es un estudio de … las entrañas.

Cuando Mateo escribe que Jesús tenía compasión de la gente no está diciendo que sentía ocasionalmente pena por ella. No, el término es mucho más gráfico. Mateo está diciendo que Jesús sentía las heridas de ellos en sus propias entrañas:

Sentía la cojera del lisiado.

Sentía la herida del enfermo.

Sentía la soledad del leproso.

Sentía la vergüenza del pecador.

Y una vez que sintió sus heridas, no pudo dejar de sanar sus heridas.

En el Ojo de la Tormenta

El Señor es la Paz

Y la paz de Dios, que sobrepasa
todo entendimiento, guardará vuestros corazones
y vuestros pensamientos en Cristo Jesús.

FILIPENSES 4. 7

El Señor fue donde estaba Gedeón y le dijo que él iba a dirigir a su pueblo victoriosamente contra los madianitas. Eso es como si Dios dijese a la dueña de la casa que se plante frente a su marido abusador o a un estudiante de secundaria que se enfrente a los vendedores de droga o a un predicador que predique la verdad a una congregación de fariseos. «Es-es-co-co-ja me-me-jor a otro», tartamudeamos. Pero entonces Dios nos recuerda que Él sabe que no podemos pero que Él sí puede, y para probarlo nos hace un maravilloso regalo. Nos trae espíritu de paz. Paz ante la tormenta. Una paz más allá de toda lógica… Se la dio a David luego de mostrarle a Goliat; se la dio a Saulo después de mostrarle el evangelio; se la dio a Jesús tras mostrarle la cruz. Y la dio a Gedeón. Por eso Gedeón, a su vez, dio el nombre a Dios. Y construyó un altar y le puso por nombre Jehová-shalom, el Señor es paz (Jueces 65.24).

La Gran Casa de Dios

Febrero

Cercano está Jehová a todos los que le invocan,
a todos los que le invocan de veras

—Salmo 145,18

El Invernadero del Corazón

Todo lo que el hombre sembrare, eso también segará.

GÁLATAS 6.7

Piensa por un momento que tu corazón es un invernadero… Y que tu corazón, como un invernadero, tiene que ser administrado.

Considera por un momento que tus pensamientos son las semillas. Algunos pensamientos se convierten en flores. Otros se convierten en maleza. Siembra semillas de esperanza y gózate de optimismo. Siembra semillas de duda y espera inseguridad.

La prueba la tienes en todas partes. ¿Alguna vez te has preguntado por qué algunas personas tienen la capacidad del teflón de resistir el negativismo y permanecen pacientes, optimistas y perdonadoras? ¿Será que han sembrado diligentemente semillas de bondad y están gozando la cosecha?

¿Alguna vez te has preguntado por qué otros tienen una perspectiva tan amargada y una actitud tan pesimista? Estarías igual tú, si tu corazón fuese un invernadero de maleza y espinas.

Como Jesús

Santidad Entre Nosotros

Canta y alégrate, hija de Sion;
porque he aquí vengo, y moraré en
medio de ti, ha dicho Jehová.

ZACARÍAS 2 .10

Dios se hizo un niño. Y entró en un mundo... de problemas y dolores de cabeza.

«Y aquel Verbo fue hecho carne, y habitó entre nosotros (y vimos su gloria, gloria como del unigénito del Padre), lleno de gracia y de verdad» (Juan 1.14).

La palabra clave de este versículo es entre. Él vivió entre nosotros. Se vistió con el más costoso de los vestidos: un cuerpo humano. Hizo un trono de un pesebre y una corte real de unas cuantas vacas. Tomó un nombre común —Jesús— y lo santificó. Tomó gente común e hizo con ellos lo mismo. Pudo haber vivido sobre nosotros o lejos de nosotros. Pero no lo hizo. Vivió entre nosotros.

Se convirtió en amigo del pecador y hermano del pobre.

Cuando Cristo Venga

Tu Día Está Llegando

Retén lo que tienes,
para que ninguno tome tu corona.

APOCALIPSIS 3.11

Algunos nunca han ganado un premio. Ah, quizás fueron oficiales en su tropa de Niños Exploradores o encargados de los refrescos en la fiesta colegial de Navidad, pero eso es todo. Nunca han ganado mucho. Han contemplado a los grandes deportistas de este mundo llevarse los trofeos y salir con las cintas de honor. Todo lo que les ha quedado es decir «por poco» y «qué tal si».

Si te identificas con esto, apreciarás esta promesa: «Y cuando aparezca el Príncipe de los pastores, vosotros recibiréis la corona incorruptible de gloria» (1 Pedro 5.4).

Tu día se acerca. Lo que el mundo ha pasado por alto, tu Padre lo ha recordado, y más pronto de lo que puedes imaginar, recibirás su bendición.

Cuando Cristo Venga

La Ayuda de Dios Está Cerca

Cercano está Jehová a todos los que le invocan,
a todos los que le invocan de veras.

SALMO 145.18

La sanidad comienza cuando hacemos algo.
La sanidad comienza cuando extendemos la mano.
La sanidad comienza cuando damos un paso.

La ayuda de Dios está cerca y siempre disponible, pero se otorga solamente a aquellos que la buscan. Nada se obtiene con la apatía…

Dios honra la fe radical y arriesgada…

Cuando se construyen arcas se salvan vidas.
Cuando los soldados marchan, Jericó se derrumba.
Cuando las varas se alzan, los mares se abren.
Cuando un almuerzo se comparte, miles reciben alimento. Y cuando se toca un vestido —ya lo haga la mano de una mujer anémica de Galilea o las oraciones de un mendigo en Bangladesh— Jesús se detiene. Se detiene y responde.

Todavía Remueve Piedras

Un Dios de Propósito

El Hijo del Hombre no vino para ser servido,
sino para servir, y para dar su vida en rescate por
muchos.

MATEO 20.28

Jesús rehusó guiarse por otra cosa que no fuera su alto llamado. Su corazón tenía un propósito. La meta de muchos es nada en particular y eso es lo que logran. Jesús apuntó hacia una meta: salvar del pecado a la humanidad. Podía resumir su vida con una frase: «El Hijo del Hombre vino a buscar y a salvar lo que se había perdido» (Lucas 19:10). Se concentró tanto en su tarea que supo cuando decir: «Consumado es» (Juan 19:30). Pero no estaba tan concentrado en su meta porque fuera desagradable.

Todo lo contrario. ¡Cuán agradables eran sus pensamientos! Los niños sentían una atracción irresistible por Jesús. Él podía encontrar belleza en los lirios, gozo en la adoración y posibilidades en los problemas. Podía pasar días con multitudes de enfermos y aún sentir compasión por ellos. Pasó más de tres décadas vadeando la inmundicia y el fango de nuestros pecados, y sin embargo vio en nosotros suficiente belleza para morir por nuestras faltas.

Como Jesús

Dios Siempre Da de su Gracia

Todas las cosas son posibles para Dios.

MARCOS 10.27

Nuestras preguntas traicionan nuestra falta de entendimiento:

¿Cómo puede Dios estar en todas partes al mismo tiempo? (¿Quién dice que Dios está limitado por su cuerpo?)

¿Cómo puede Dios escuchar todas las oraciones que se le dirigen? (Tal vez sus oídos son diferentes de los nuestros.)

¿Cómo puede Dios ser el Padre, el Hijo y el Espíritu Santo? (¿Será que en los cielos rigen diferentes leyes físicas que en la tierra?)

Si las personas aquí en la tierra no me perdonan, ¿cuánto más soy yo culpable ante un Dios santo? (Ah, exactamente lo contrario. Dios es siempre capaz de otorgar gracia cuando nosotros los humanos no podemos. Él inventó la gracia.)

La Gran Casa de Dios

Un Hogar Para tu Corazón

Jehová, la habitación de tu casa he amado, y el lugar de
la morada de tu gloria.

Cuando se trata del descanso de tu alma, no hay sitio como La Gran Casa de Dios. «Una cosa he demandado a Jehová», escribió David, «ésta buscaré: que esté yo en la casa de Jehová todos los días de mi vida, para contemplar la hermosura de Jehová y para inquirir en su templo. Porque él me esconderá en su tabernáculo en el día del mal» (Salmo 27.4-5).·

Si pudieras pedirle a Dios una cosa, ¿cuál sería tu petición? David nos dice lo que le pediría. Anhela vivir en la casa de Dios. Enfatizo la palabra vivir, porque merece enfatizarse. David no quiere conversar ni desea una taza de café en la terraza del patio. No pide una comida ni pasar una tarde en la casa de Dios. Quiere mudarse allí con Él… para siempre. Está solicitando su propia habitación… para siempre. No quiere un estacionamiento pasajero en la casa de Dios, sino que ansía retirarse allí. No busca un puesto temporal, sino más bien una residencia de por vida.

La Gran Casa de Dios

Jesús Entiende

Ciertamente llevó él nuestras enfermedades
y sufrió nuestros dolores.

ISAÍAS 53.4

Jesús sabe cómo te sientes. ¿Estás bajo presión en el trabajo? Jesús sabe como te sientes. ¿Has tenido que hacer más de lo que es humanamente posible? Él también. ¿Toman de ti más de lo que dan? Jesús comprende. ¿No te obedecen tus adolescentes? ¿No se esfuerzan tus estudiantes? Jesús te comprende.

Para Él vales mucho. Tanto que se hizo igual a ti para que pudieras acercarte a Él.

Cuando luchas, Él oye. Cuando lo añoras, Él responde. Cuando preguntas, Él escucha. Él ha pasado por todo eso.

En el Ojo de la Tormenta

Una Carta de Gozo

Gozaos en el Señor siempre.
Otra vez digo: ¡Regocijaos!

FILIPENSES 4.4

Ven conmigo en la historia un par de miles de años atrás. Vamos a Roma… a un cuartucho más bien desarreglado, rodeado de altos muros… Dentro vemos a un hombre sentado en el piso. Es un señor mayor de edad, de hombros encorvados y casi calvo, de cuyas manos y pies cuelgan cadenas…

Es el apóstol Pablo… El apóstol que estaba sujeto solo a la voluntad de Dios está ahora en cadenas, confinado a una sucia vivienda bajo la vigilancia de un soldado romano…

Está escribiendo una carta. Sin duda, es una carta en que se queja a Dios. Sin duda es una lista de agravios… Tiene más que motivos de estar amargado y quejoso. Pero no lo está. Al contrario, está escribiendo una carta que dos mil años después se conoce aún como un tratado sobre el gozo: la carta a los filipenses…

¿Por qué no dedicas algún tiempo a leerla?

La Biblia de Estudio Inspiradora

Preparación del Corazón

Cuanto está lejos el oriente
del occidente, hizo alejar de
nosotros nuestras rebeliones.

SALMO 103.12

La confesión es para el alma lo que la preparación de la tierra es para el campo. Antes que el campesino plante la semilla rebaja el terreno, quita las piedras y desarraiga los tocones. Sabe que la semilla crece mejor si la tierra está preparada. La confesión es el acto de invitar a Dios a caminar por el terreno de nuestro corazón. «Hay una piedra de codicia aquí, Padre, y no puedo removerla. ¿Y ese árbol de culpa junto a la cerca? Sus raíces son largas y profundas. ¿Puedo mostrarte la tierra seca, demasiado dura para la semilla?». La semilla de Dios crece mejor si el terreno del corazón está limpio.

Y así el Padre y el Hijo recorren juntos el campo; excavando y arrancando, preparando el corazón para dar fruto. La confesión invita al Padre a preparar el terreno del alma.

En Manos de la Gracia

Un Bocado de Bondad

*Pero el que tiene bienes de este mundo y
ve a su hermano tener necesidad, y cierra contra él su
corazón, ¿cómo mora el amor de Dios en él?*

1 JUAN 3.17

León Tolstoi, el gran escritor ruso, cuenta
sobre una ocasión en que caminaba por una calle y
pasó un mendigo. Tolstoi buscó en su bolsillo para
darle al mendigo una moneda; pero el bolsillo estaba vacío. Se volvió al hombre y le dijo: «Perdona,
hermano, pero no tengo nada que darte».

Al mendigo se le iluminó el rostro y le
respondió: «Me has dado más de lo que te pedí: me
has llamado hermano».

Para el amado, una palabra de afecto es un
bocado, pero para el hambriento de amor, una palabra de afecto puede ser un festín.

Todavía Remueve Piedras

¡Mira lo Que Dios ha Hecho!

Los cielos cuentan la gloria de Dios.

SALMO 19.1

Cuan vital es que oremos armados con el conocimiento de que Dios está en el cielo. Sin esa convicción, tus oraciones serán tímidas, triviales y huecas. Pero dedica algún tiempo a caminar por el taller de los cielos, viendo lo que Dios ha hecho, y observa cómo tus oraciones cobran energía.

¡He aquí el sol! Cada metro cuadrado del sol está emitiendo constantemente ciento treinta mil caballos de fuerza, o el equivalente a cuatrocientos cincuenta motores de automóvil de ocho cilindros. Y, sin embargo, nuestro sol, con todo lo poderoso que es, es una pequeña estrella en los cien mil millones de orbes que componen nuestra galaxia Vía Láctea. Toma una monedita de diez centavos y extiende el brazo hacia el cielo, dejando que la moneda eclipse tu visión. Habrás bloqueado quince millones de estrellas de tu vista… Al mostrarnos los cielos, Jesús nos está mostrando el taller de su Padre… Nos toca en el hombro y nos dice: «Tu Padre puede resolverte eso».

La Gran Casa de Dios

La Voz de la Aventura

Todo el que procure salvar su vida,
la perderá; y todo el que
la pierda, la salvará.

LUCAS 17.33

Hay crudeza y maravillas en el mundo. Ve tras ellas. Búscalas. Agótalo todo para captarlas. No prestes oído a los lamentos de quienes se han transado por una vida de segunda categoría y quieren que hagas lo mismo para no sentirse culpables. Tu meta no es vivir muchos años, sino vivir.

Jesús dice que las opciones son claras. De un lado están las voces de la seguridad. Puedes encender una hoguera, quedarte adentro, y permanecer caliente, seco y seguro…

O puedes oír la voz de la aventura, la aventura de Dios. En lugar de prender la calefacción, haz un fuego en tu corazón. Sigue los impulsos de Dios. Adopta ese niño. Muévete allende los mares. Enseña la clase. Cambia de carrera. Aspira a un cargo. Deja huellas. Claro que puede ser peligroso, pero ¿qué no lo es?

Todavía Remueve Piedras

Tu Bendición Personal

Cada uno recibirá su alabanza de Dios.

1 CORINTIOS 4.5

Qué frase tan increíble. *Cada uno recibirá su alabanza de Dios.* No «los mejores» ni «solo unos cuantos» ni «los realizadores», sino «cada uno recibirá su alabanza de Dios».

No te excluirán. Dios se encargará de que así sea. Dios mismo hará el elogio. Cuando se trata de hacer reconocimientos, Dios no delega en nadie la tarea. Miguel no reparte las coronas. Gabriel no habla a nombre del trono. Dios mismo hace los honores. Dios mismo alabará a sus hijos.

Y lo que es más, ¡la alabanza es personal! ... Los premios no se dan a una nación, ni a una iglesia ni a una generación en un momento determinado. Las coronas se otorgan una por una. Dios mismo te mirará a los ojos y te bendecirá con estas palabras: «¡Bien, buen siervo y fiel!» (Mateo 25.23).

Cuando Cristo Venga

El Corazón de Jesús

Todo lo que el Padre hace, también lo hace el Hijo igualmente.

JUAN 5.19

El máximo atributo de Cristo fue este: su corazón era espiritual. Sus pensamientos reflejaban su íntima relación con el Padre. «Yo soy en el Padre, y el Padre es en mí» (Juan 14.11).

Jesús tomaba instrucciones de Dios. Era su costumbre ir a adorar (Lucas 14.16). Era su práctica memorizar las Escrituras (Lucas 4.4). Lucas dice que Jesús «se apartaba a lugares desiertos y oraba» (Lucas 5.16). Sus momentos de oración eran su guía. Una vez regresó de orar y anunció que era hora de ir a otra ciudad (Marcos 1.38). Otro tiempo de oración resultó en la selección de los discípulos (Lucas 6.12-13). Jesús era guiado por una mano invisible.

El corazón de Jesús era espiritual.

Como Jesús

Deleite Santo

Bienaventurados los pobres en espíritu, porque de ellos es el reino de los cielos

MATEO 5.3

Dios promete deleite santo. Y lo promete al grupo de gente menos pensado:

• «Los pobres en espíritu». Mendigos en el comedor de beneficencia de Dios.

• «Los que lloran». Pecadores Anónimos vinculados por la verdad de su presentación: «Hola, este soy yo. Soy pecador».

• «Los misericordiosos». Ganadores del millón de dólares en la lotería que comparten el premio con sus enemigos.

• «Los de limpio corazón». Médicos que aman a los leprosos y escapan de la infección.

• «Los pacificadores». Arquitectos que construyen puentes con la madera de una cruz romana.

• «Los perseguidos». Personas que se las arreglan para mantener un ojo en el cielo mientras caminan a través del infierno terrenal.

Es a esta banda de peregrinos a la que Dios promete una bendición especial. Gozo celestial. Deleite santo.

El Aplauso del Cielo

La Suma del Cristianismo

Porque ejemplo os he dado, para que como yo os he hecho, vosotros también hagáis.

JUAN 13.15

Apúntalo. Somos lo que vemos. Si nos vemos solo a nosotros mismos, nuestras lápidas tendrán el mismo epitafio que Pablo usó para describir a los enemigos de Cristo: «Cuyo dios es el vientre y cuya gloria es su vergüenza, que solo piensan en lo terrenal» (Filipenses 3.19).

Los humanos no fuimos creados para habitar en la bruma viciada de las tierras bajas sin visión alguna de su Creador.

Ver a Jesús es esencial en el cristianismo. El servicio cristiano, en su forma más pura, no es otra cosa que imitarlo a Él, a quien vemos. Ver su majestad e imitarlo es la suma del cristianismo.

Dios se Acercó

Dios Tiene Cuidado de Ti

Mirad las aves del cielo, que no siembran, ni siegan, ni recogen en graneros; y vuestro Padre celestial las alimenta.

MATEO 6.26

¡Observa la tierra! El peso del globo se estima en seis mil trillones de toneladas (un seis con veintiún ceros). Pero tiene una inclinación precisa de veintitrés grados; un poco más o un poco menos y nuestras estaciones se perderían en una inundación por el derretimiento polar. Aunque el globo gira a la velocidad de mil seiscientos kilómetros por hora o cuarenta mil kilómetros por día o catorce millones quinientos mil kilómetros por año, ninguno de nosotros para en órbita.

Mientras te detienes … a observar el taller de Dios, déjame formularte algunas preguntas. Si Él es capaz de colocar las estrellas en sus sitios y suspender el cielo como una cortina, ¿crees que es remotamente posible que pueda guiar tu vida? Si tu Dios es tan poderoso para encender el sol, ¿pudiera ser suficientemente poderoso para alumbrar tu camino? Si se ocupa tanto del planeta Saturno que le proporciona anillos, y de Venus para hacer que emane destellos, ¿existe la más remota posibilidad de que se ocupe lo suficiente de ti para satisfacer tus necesidades?

La Gran Casa de Dios

Buenas Costumbres

Por tanto, dejando ya los rudimentos de la doctrina de Cristo, vamos adelante a la perfección.

HEBREOS 6.1

Me agrada la historia del niño que se cayó de la cama. Cuando la mamá le preguntó lo que había sucedido, respondió: «No sé. Supongo que me quedé muy cerca del lugar por donde entré».

Es fácil hacer lo mismo con nuestra fe. Es tentador quedarnos donde entramos y no movernos nunca.

Piensa en algún momento del pasado no muy remoto. Un año o dos atrás. Formúlate ahora unas cuantas preguntas. ¿Cómo se compara tu vida de oración actual con la de entonces? ¿Qué tal tus ofrendas? ¿Han incrementado en cantidad y gozo? ¿Qué de tu lealtad a la iglesia? ¿Puedes decir que has crecido? ¿Y del estudio bíblico? ¿Estás aprendiendo a aprender?

No incurras en el error del niño. No te quedes tan cerca de donde entraste. Es arriesgado descansar en el borde.

Cuando Dios Susurra tu Nombre

Las Oraciones Hacen la Diferencia

*Y sabemos que Dios no oye a los pecadores; pero si alguno
es temeroso de Dios, y hace su voluntad, a ése oye.*

JUAN 9:31

La mayoría de nuestras vidas de oración
podrían ser objeto de afinamiento.

Algunas carecen de regularidad. Son un desierto o
un oasis. Largos y áridos períodos interrumpidos por
breves chapuzones en las aguas de la comunión….

Otros necesitamos sinceridad. Nuestras oraciones son un poco huecas, memorizadas y rígidas. Más
liturgia que vida. Son diarias, pero tediosas.

Otras aún, carecen, digamos, de sinceridad. Nos
preguntamos sinceramente si las oraciones producen
resultado alguno. ¿Por qué Dios que está en el cielo
va a querer hablar conmigo en la tierra? Si Dios lo
sabe todo, ¿quién soy yo para decirle algo? Si Dios lo
controla todo, ¿quién soy yo para hacer algo?

Nuestras oraciones pueden ser torpes. Nuestros
intentos pueden ser débiles. Pero como el poder de
la oración reside en el que la escucha y no en el que
la eleva, realmente producen resultados…

Todavía Remueve Piedras

Más Allá de la Imaginación

En la casa de mi Padre muchas moradas hay …
Voy pues a preparar lugar para vosotros.

JUAN 14.2

El descanso en esta tierra es un descanso falso. Guárdate de quienes te instan a encontrar la felicidad aquí; pues no la encontrarás. Guárdate de los falsos médicos que prometen que ese gozo es cuestión de guardar una dieta, o de casarse, o de un empleo o un cambio…

Prueba esto. Imagínate un mundo perfecto. Independientemente del significado que tenga para ti, imagínatelo. ¿Significa paz ese mundo? Entonces imagina una quietud absoluta. ¿Implica gozo un mundo perfecto? Entonces imagina una felicidad suprema. ¿Tendrá amor un mundo perfecto? Si es así, imagina un lugar donde el amor no tiene límite. Lo que el cielo signifique para ti, imagínatelo. Fíjalo firmemente en tu mente…

Y entonces sonríe mientras el Padre te recuerda que *nadie jamás ha imaginado lo que Dios ha preparado para los que lo aman…*

Cuando se trata de describir el cielo, todos somos unos felices fracasados.

Cuando Dios Susurra tu Nombre

Cambiados a su semejanza

El pensamiento de los cristianos es el mismo de Cristo.

1 CORINTIOS 2.16 - LA BIBLIA AL DÍA

La distancia entre nuestros corazones y el corazón de Jesús parece inmensa. ¿Cómo podríamos esperar jamás tener el corazón de Jesús?

¿Estás listo para una sorpresa? Ya lo tienes… Si estás en Cristo, tienes ya el corazón de Cristo. Una de las supremas promesas de Dios, aunque no realizada aún, es esta: si has entregado tu vida a Jesús, Jesús se ha dado a sí mismo a ti. Ha hecho de tu corazón su hogar. Sería difícil decirlo en forma más sucinta que como lo dice Pablo: «Cristo vive en mí» (Gálatas 2.20)

Él se ha instalado en ti, ha desempaquetado sus maletas y está listo para transformarte «de gloria en gloria en la misma imagen» (2 Corintios 3.18).

Como Jesús

La Ayuda de Dios Está Cercana

*Es, pues, la fe, la certeza de lo
que se espera, la convicción
de lo que no se ve.*

HEBREOS 11.1

Fe es la creencia de que Dios existe y de que
es bueno… Es optar por creer que aquel que lo hizo
todo no lo ha abandonado y aún envía luz a donde
hay sombra y responde a las expresiones de fe…

La fe es creer que Dios hará lo correcto.

Dios dice que cuanto más irremediable es tu circunstancia, más cercana está tu salvación. Cuanto
mayor es tu necesidad, más genuinas son tus oraciones. Cuanto más oscura es la habitación, más grande
es la necesidad de luz.

La ayuda de Dios está cercana y siempre disponible, pero solo se da a quienes la buscan.

Todavía Remueve Piedras

Un Corte Superior

Estad quietos, y conoced que yo soy Dios.

SALMO 46.10

La palabra *santo* significa «separado». El origen del término puede encontrarse en una antigua palabra que significa «cortar». Entonces, ser santo es ser de un corte por encima de la norma, ser superior, extraordinario… El Santo habita en un nivel diferente del resto de nosotros. Lo que nos atemoriza a nosotros no lo atemoriza a él. Lo que nos atribula, a él no le causa tribulación.

De marinero no tengo mucho, pero he andado lo suficiente en un barco de pesca como para saber lo que significa llegar a tierra en medio de una tormenta.

No debes dirigir tu puntería a otro barco. Ciertamente no debes fijar vista en las olas. Debes dirigir tu mirada hacia un objeto que no lo dañe el viento (una luz en la costa) y avanzar directamente hacia ella.

Cuando pones la mira en nuestro Dios, fijas la vista en uno «de un corte superior» a cualquier tormenta de la vida… Y encuentras paz.

La Gran Casa de Dios

Ven y Ve

> *Natanael le dijo [a Felipe]:*
> *¿De Nazaret puede salir algo de bueno?*
> *Le dijo Felipe: Ven y ve.*
>
> JUAN 1.46

La pregunta de Natanael sigue resonando al cabo de dos mil años: ¿Puede de Nazaret salir algo bueno? Ven y ve.

Ven y ve las vidas cambiadas:

> el alcohólico está sobrio,
> el amargado tiene gozo,
> el digno de humillación ha recibido perdón,
> matrimonios restaurados, huérfanos adoptados, prisioneros inspirados…

Ven y ve cómo la mano horadada de Dios toca el corazón más humilde, enjuga las lágrimas del rostro arrugado y perdona el pecado más horrendo.

Ven y ve. Él no evade al que busca. No ignora al que investiga. No teme que lo exploren. Ven y ve.

El Trueno Apacible

La Bondad de Dios

El rico y el pobre se encuentran; a ambos los hizo Jehová..

PROVERBIOS 22.2

¿Has notado que Dios no te pide que demuestres que dispones sabiamente de tu sueldo? ¿Has notado que Dios no suspende tu abastecimiento de oxígeno cuando haces mal uso de sus dones? ¿No te alegras de que Dios no te concede solamente aquello por lo que recuerdas darle gracias?

La bondad de Dios brota de su naturaleza, no de nuestros merecimientos.

Alguien preguntó a un colaborador mío: «¿Qué precedente bíblico tenemos para ayudar al pobre que no tiene deseos de hacerse cristiano?»

Mi amigo respondió con una sola palabra: «Dios».

Dios lo hace diariamente con millones de personas.

En el Ojo de la Tormenta

Lo que Dios ha hecho

Por gracia sois salvos.

Lee despacio y cuidadosamente la descripción de Pablo de lo que Dios ha hecho por ti: «Y a vosotros, estando muertos en pecados y en la incircuncisión de vuestra carne, os dio vida juntamente con él, perdonándoos todos los pecados, anulando el acta de los decretos que había contra nosotros, que nos era contraria, quitándola de en medio y clavándola en la cruz, y despojando a los principados y a las potestades, los exhibió públicamente, triunfando sobre ellos en la cruz» (Colosenses 2.13-15).

Fijándote en las palabras anteriores, responde a esta pregunta. ¿Quién hace la obra, tú o Dios? ¿Quién está activo, tú o Dios? ¿Quién salva, tú o Dios?

Todavía Remueve Piedras

Una Vida sin Dios

Se envanecieron en sus razonamientos,
y su necio corazón fue entenebrecido.
Profesando ser sabios, se hicieron necios.

ROMANOS 1.21–22

Como el hedonista nunca ha visto la mano que hizo el universo, da por sentado que no hay vida más allá de aquí y ahora. Cree que no hay verdad más allá de esta habitación, ni propósito más allá de su propio placer. No hay factor divino. No se preocupa por lo eterno.

El hedonista dice. «¿Qué importa? Puede que yo sea malo, ¿y qué? Lo que hago es asunto mío». Está más interesado en satisfacer sus pasiones que en conocer al Padre. Su vida está tan desesperada por tener placeres que no tiene tiempo ni lugar para Dios.

¿Hace bien? ¿Esta bien consumir nuestros días haciendo muecas a Dios y dándonos la gran vida?

Pablo dice: «¡Claro que no!»

Según Romanos 1, perdemos más que vitrales cuando desechamos a Dios. Perdemos nuestra norma, nuestro propósito y nuestra adoración.

En Manos de la Gracia

Marzo

Encomienda a Jehová tu camino,
y confía en él; y él hará.

—Salmo 37.5

Solo una Cosa Vale la Pena

Cosas que ... ni han subido en corazón de hombre,
son las que Dios ha preparado para los que le aman.

1 CORINTIOS 2.9

Piensa en el día en que Cristo venga. Allí estás en el gran círculo de los redimidos... Aunque eres uno más entre la multitud, es como si tú y Jesús estuvieran solos...

Estoy conjeturando ahora, pero me pregunto si Cristo te va a decir: «Estoy orgulloso de que me permitiste usarte. Gracias a ti, otros están hoy aquí. ¿Te gustaría conocerlos?»

En ese momento Jesús pudiera dirigirse a la multitud e invitarlos… Uno por uno, comienzan a salir de la multitud y a dirigirse hacia ti.

El primero es tu vecino, un tipo viejo y tosco, que vivía al lado de tu casa. Para ser franco, no esperabas verlo. «Nunca supiste que yo te observaba», te explica, «pero lo hacía. Y gracias a eso estoy aquí».

En poco tiempo tú y tu Salvador están rodeados por ese conjunto de almas que has tocado. A algunos los conoces, a la mayoría no, pero sientes lo mismo por cada uno… lo que sentía Pablo: «Vosotros sois nuestra gloria y gozo» (1 Tesalonicenses 2.20).

Cuando Cristo Venga

Vive una Vida Santa

Así alumbre vuestra luz delante de los hombres, para que vean vuestras buenas obras, y glorifiquen a vuestro Padre que está en los cielos.

MATEO 5.16

¿Quieres dejar una huella en tu mundo? Vive en santidad:

Sé fiel a tu cónyuge.

Sé el que en la oficina no quiere engañar.

Sé el vecino que actúa amigablemente.

Sé el empleado que hace su trabajo sin quejarse.

Paga tus cuentas.

Haz tu parte y disfruta la vida.

No des un mensaje si no lo vives.

La gente se fija más en la manera en que actuamos que en lo que decimos.

El Trueno Apacible

Valentía Ante el Trono

Acerquémonos, pues, confiadamente al trono de la gracia

HEBREOS 4.16

Jesús nos dice: «Cuando ores, ora así: Padre Nuestro que estás en los cielos, santificado sea tu nombre. Venga tu reino».

Cuando dices «Venga tu reino», estás invitando a que el Mesías mismo entre en tu mundo. «¡Ven, Rey mío! Establece tu trono en nuestra tierra. Mantente presente en mi corazón. Estate presente en mi oficina, en mi matrimonio. Sé el Señor de mi familia, de mis temores y mis dudas». Esta no es una débil petición: es una osada apelación a Dios para que ocupe cada rincón de tu vida.

¿Y quién eres para pedir tal cosa? ¿Quién eres para pedir a Dios que tome las riendas de tu mundo? ¡Santo cielo, eres su hijo! Y por eso pides osadamente.

La Gran Casa de Dios

¡Fuera las Dudas!

¿Cuál es el mayor,
el que se sienta a la mesa o el que sirve?
¿No es el que se sienta a la mesa?
Mas yo estoy entre vosotros como el que sirve.

LUCAS 22.27

En tiempos de Jesús el lavamiento de pies era una tarea reservada no sencillamente para los sirvientes, sino para los más bajos de la servidumbre. En cada círculo siempre hay rivalidades. Y la servidumbre doméstica no era una excepción. Al sirviente en el último escalón de la jerarquía le correspondía arrodillarse con la toalla y la palangana.

En este caso el de la toalla y la palangana es el rey del universo. Las manos que formaron las estrellas se ponen a limpiar suciedad. Los dedos que formaron las montañas frotan pies. Y aquel ante el cual todas las naciones un día doblarán sus rodillas se arrodilla ante sus discípulos. Horas antes de su muerte, Jesús tiene una inquietud en particular. Desea que sus discípulos sepan cuánto él los ama. Más que limpiar el polvo, Jesús está erradicando las dudas.

Como Jesús

El Único Proveedor,
el Único Consolador

*Venid a mí todos los que estáis
trabajados y cargados, y yo os haré descansar.*

MATEO 11.28

Mientras Jesús sea considerado como una de
tantas opciones, no es una alternativa.

Mientras puedas llevar tus cargas, no necesitas
quien te las lleve. Mientras tu situación no te pro-
duzca dolor, no recibirás consuelo. Mientras tengas
la posibilidad de tomarlo o dejarlo, más vale que lo
dejes, porque no es posible tomarlo a medias.

Pero cuando estés afligido, cuando llegues al
punto de sentir dolor por tus pecados, cuando
reconozcas que no tienes otra alternativa que echar
tus cargas sobre Él, y cuando verdaderamente no
haya otro nombre al que puedas invocar, echa tus
cargas sobre él, porque él estará esperando en medio
de la tormenta.

El Aplauso del Cielo

El Costo de su Regalo

Cristo padeció una sola vez por los pecados, el justo por los injustos, para llevarnos a Dios.

1 PEDRO 3.18

 Cristo vino a la tierra con un propósito: dar su vida en rescate por ti, por mí y por todos. Se sacrificó para darnos una segunda oportunidad. Él hubiera llegado a cualquier extremo para hacerlo. Y así fue. Fue a la cruz, donde la desesperación máxima del hombre choca con la gracia indoblegable de Dios. Y en ese momento, cuando el gran regalo de Dios se completó, el compasivo Cristo mostró al mundo el precio de su dádiva…

Él, que era perfecto, nos dio esa ejecutoria perfecta, y recibió nuestra ejecutoria imperfecta… Como resultado de ello, la santidad de Dios recibe honra y sus hijos reciben perdón.

El Aplauso del Cielo

En el Momento Preciso

*El Dios tuyo, a quien tú
continuamente sirves, él te libre.*

DANIEL 6.16

Observa a Jonás en el vientre del gran pez, rodeado de jugos gástricos y entre algas marinas ingeridas… Allí ora… Y antes de que pueda decir amén, el estómago se contrae, el pez eructa y Jonás cae de cara sobre la playa.

Observa a Daniel en el foso de los leones; su perspectiva no es mejor que la de Jonás. A este se lo habían tragado, y Daniel está a punto de serlo…

Mira a José en una cisterna, un agujero grisáceo y seco en un desierto ardiente.

Quitaron la tapa de la boca de la cisterna y le sacaron la túnica de lana… Al igual que Jonás y Daniel, José está atrapado. Se le acabaron las opciones. No tiene salida. No tiene esperanza… Aunque su camino hacia el palacio toma un desvío a través de la prisión, va a dar al trono…

Tales son las historias de la Biblia. Un peligro de muerte tras otro del que apenas escapan. Justo cuando el cuello se apoya en el picadero, justo cuando la soga se ajusta al cuello, llega el Calvario.

Todavía Remueve Piedras

Guiado por el Espíritu

*Todos los que son guiados por el Espíritu de Dios,
éstos son hijos de Dios.*

ROMANOS 8.14

De tanto escucharnos pensarán que no creemos lo que dice este versículo. Pensarán que no creemos en la Trinidad. Hablamos acerca del Padre y estudiamos acerca del Hijo; pero cuando se trata del Espíritu Santo, en el mejor de los casos estamos confundidos y en el peor, atemorizados. Confundidos porque nunca nos han enseñado. Atemorizados porque se nos ha enseñado que temamos.

¿Me permites que simplifique un poco las cosas? El Espíritu Santo es la presencia de Dios en nuestra vida, y lleva a cabo la obra de Jesús. El Espíritu Santo nos ayuda en tres sentidos: interiormente (al concedernos el fruto del Espíritu, Gálatas 5.22-24), hacia arriba (al interceder por nosotros, Romanos 8.26) y hacia afuera (al derramar el amor de Dios en nuestros corazones, Romanos 5.5).

Cuando Dios Susurra tu Nombre

Hágase la Voluntad de Dios

Venga tu reino.
Hágase tu voluntad,
como en el cielo, así también en la tierra.

MATTHEW 6:10

Orar «hágase tu voluntad» es buscar el corazón de Dios. La palabra *voluntad* significa «deseo imperioso». Así pues, ¿cómo es su corazón? ¿Su pasión? Él quiere que lo conozcas.

¿Esconderá Dios de nosotros lo que va a hacer? Aparentemente no, porque ha hecho grandes esfuerzos por revelarnos su voluntad. ¿Qué más que enviar a su Hijo para guiarnos? ¿Qué más que dar su palabra para enseñarnos? ¿Qué más que armonizar acontecimientos para despertarnos? ¿Qué más que enviar su Santo Espíritu para aconsejarnos?

Dios no es un Dios de confusión, y dondequiera que ve personas confundidas que le buscan con corazones sinceros, puedes tener la plena seguridad de que hará cualquier cosa para ayudarlas a descubrir su voluntad.

La Gran Casa de Dios

Dios Tiene Locura Contigo

*Pues aún vuestros cabellos
están todos contados.*

MATEO 10.30

Dios nos salva por muchas razones: para gloria suya, para aplacar su justicia, para demostrar su soberanía. Pero una de las más dulces es que Dios te salvó porque te ama. Le agrada tenerte cerca, y cree que eres lo mejor que ha salido en mucho tiempo...

Si Dios tuviera un refrigerador, tu retrato estaría fijado allí. Si tuviera una billetera, tu foto estaría en ella. Te envía flores cada primavera y una salida de sol cada mañana. Siempre que quieras hablarle, te escucha. Él puede vivir en cualquier parte del universo, pero escogió tu corazón.

Convéncete. Dios tiene locura contigo.

El Trueno Apacible

¡He Aquí su Misericordia!

*Sed benignos unos con otros, misericordiosos, perdonándoos unos
a otros, como Dios también os perdonó a vosotros en Cristo.*

EFESIOS 4.32

Jesús se ciñe la cintura con un delantal de
sirviente, toma una vasija y se arrodilla ante uno de
sus discípulos. Desata una sandalia y y con ternura
coloca el pie en la vasija, lo cubre con agua y comienza a lavarlo. Uno por uno, un pie mugriento tras el
otro, Jesús lava los pies de todos sus discípulos.

Puedes confiar que Jesús conoce el futuro de
estos pies que lava. Estos veinticuatro pies no andarán
el siguiente día tras su maestro, en defensa de su
causa. Estos pies huirán ante el destello de la espada
romana. Solo un par de pies no lo abandonarán en el
huerto. Solo un discípulo no lo abandonará en
Getsemaní: ¡Judas ni siquiera llegará tan lejos!

¡He aquí el regalo que Jesús hace a sus discípulos!
Él conoce lo que están a punto de hacer… Y cuando
lo hagan, quiere que recuerden cómo se arrodilló
delante de ellos y les lavó los pies. Quiere que com-
prendan que esos pies están aún limpios… Perdonó
sus pecados antes de que los cometieran. Les ofreció
misericordia aún antes de que la buscaran.

Como Jesús

Esclavos del Bien

*Ahora que habéis sido libertados del pecado y hechos
siervos de Dios, tenéis por vuestro fruto la
santificación y como fin, la vida eterna.*

ROMANOS 6.22

¿Cómo podemos los que hemos sido liberados del pecado regresar a él? Antes de conocer a
Cristo nuestras vidas estaban fuera de control, desordenadas e indulgentes. Ni siquiera sabíamos cuan
andrajosos andábamos hasta que lo conocimos.

Entonces Él llegó. Las cosas empezaron a cambiar.
Lo que dejábamos tirado lo comenzamos a guardar.
Lo que descuidábamos lo limpiamos. Lo que estaba
en desorden se convirtió en orden. Claro, habían y
aún hay lapsos ocasionales de pensamiento y acción,
pero Él sin duda puso nuestra casa en orden.

De pronto sentimos el deseo de hacer el bien.
¿Regresar al desorden pasado? ¿Hablas en serio?
«Pero gracias a Dios que aunque erais esclavos del
pecado, habéis obedecido de corazón a aquella forma
de doctrina a la cual fuisteis entregados; y libertados
del pecado, vinisteis a ser siervos de la justicia»
(Romanos 6.17-18).

En Manos de la Gracia

Una Explosión de Amor

Mas buscad el reino de Dios,
y todas estas cosas os serán añadidas.

En ocasiones Dios se conmueve tanto por lo que ve, que nos da lo que necesitamos y no simplemente lo que le pedimos.

Menos mal. Pues, ¿a quién se le hubiera ocurrido pedirle a Dios lo que nos da? ¿Quién de nosotros se habría atrevido a decirle: «Dios, ¿pudieras, colgarte en un instrumento de tortura como sustituto por cada error que yo haya cometido?» Y luego tener la audacia de agregar: «Y después de haberme perdonado, ¿podrías prepararme un lugar en tu casa para morar para siempre?»

Como si esto no bastara: «¿Y por favor, pudieras morar dentro de mí, protegerme, guiarme y bendecirme más de lo que jamás podría merecer?»

Francamente, ¿tendríamos la desfachatez de pedir tales cosas?

Jesús ya conoce el costo de la gracia. Sabe el precio del perdón. Pero lo ofrece de todos modos. Su corazón explotó de amor.

Todavía Remueve Piedras

El Cielo Está de tu Parte

Cristo es el que murió ... el que además está a la diestra
de Dios, el que también intercede por nosotros.

ROMANOS 8.34

Jesús está orando por nosotros... Jesús ha hablado y Satán ha escuchado. El diablo puede dar uno que otro puñetazo. Y puede incluso ganar unos cuantos asaltos, pero nunca gana la pelea. ¿Por qué? Porque Jesús pelea por ti... «Por lo cual puede también salvar perpetuamente a los que por él se acercan a Dios, viviendo siempre para interceder por ellos» (Hebreos 7.25).

Jesús, en este preciso momento, te protege. El diablo tiene que pasar por Cristo antes de que pueda tocarte. Y Dios nunca «os dejará ser tentados más de lo que podáis resistir, sino que dará también juntamente con la tentación la salida, para que podáis soportar»(1 Corintios 10.13).

Cuando Cristo Venga

El Fuego Interior

Y comenzando desde Moisés,
y siguiendo por todos los profetas, les declaraba
en todas las Escrituras, lo que de él decían.

LUCAS 24.27

«Entonces les fueron abiertos los ojos, y le reconocieron; mas él se desapareció de su vista. Y se decían el uno al otro: ¿No ardía nuestro corazón en nosotros, mientras nos hablaba en el camino, y cuando nos abría las Escrituras?» (Lucas 24.31-32)

¿No te encanta este versículo? Sabían que estaban con Jesús por el fuego que ardía en su interior. Dios te revela su voluntad poniendo una antorcha encendida en tu alma. Dio a Jeremías fuego por los corazones endurecidos. Dio a Nehemías fuego por una ciudad olvidada. Encendió a Abraham por una tierra que nunca había visto. Puso fuego en Isaías con una visión que no pudo resistir. Cuarenta años de prédica infructuosa no extinguieron el fuego de Noé.

Anótalo: ¡Jesús viene para encenderte! Él va como una antorcha de corazón a corazón para calentar lo frío y descongelar el hielo y revolver las cenizas. Viene a quitar la infección e iluminar tu sendero.

La Gran Casa de Dios

Escucha su Voz

No te desampararé, ni te dejaré.

HEBREOS 13.5

Déjame decirte algo importante. Nunca habrá un momento en que Jesús no hable. Nunca. Nunca existirá un lugar en que Jesús no esté presente. Nunca. Nunca existirá una habitación tan oscura… una sala tan sensual… una oficina tan sofisticada… en que el siempre presente, siempre persuasivo y tierno empedernido Amigo no esté tocando suavemente a la puerta de nuestros corazones... en espera de que lo invitemos a pasar.

Pocos oyen su voz. Menos son los que abren la puerta.

Pero nunca interpretes nuestra insensibilidad como su ausencia. Porque en medio de las pasajeras promesas del placer está la perdurable promesa de su presencia.

«He aquí yo estoy con vosotros todos los días hasta el fin del mundo» (Mateo 28.20).

No hay coro que cante tan alto que no pueda escucharse la voz de Dios… si nos decidimos a escuchar.

En el Ojo de la Tormenta

Gracias a su Regalo

A fin de conocerle, y el poder de su resurrección,
y la participación de sus padecimientos, llegando
a ser semejantes a él en su muerte.

FILIPENSES 3:10

Tracemos la trayectoria de este Salvador, el Dios que cambió la realeza celestial por la pobreza terrenal. Su cama llegó a ser, cuando más, un camastro prestado, y muchas veces fue la dura tierra. Sus ingresos dependían de las dádivas. Algunas veces sentía tanta hambre que comía granos crudos o tomaba frutos de un árbol. Sabía lo que significaba no tener un hogar. Lo ridiculizaron. Sus vecinos trataron de lincharlo. Algunos lo llamaban lunático. Su familia trató de recluirlo en su casa. Sus amigos no siempre le fueron fieles.

Lo acusaron de un crimen que nunca cometió. Se buscaron testigos falsos que mintieran. Manipularon al jurado. Un juez dominado por la política lo sentenció a pena de muerte.

Lo mataron.

¿Y por qué? Por el regalo que solo él podía dar.

El Aplauso del Cielo

Hacer lo Que es Correcto

Todo lo que es nacido de Dios vence al mundo; y esta es la victoria que ha vencido al mundo, nuestra fe.

1 JUAN 5.4

Te impacientas con tu propia vida, al tratar de dominar un hábito o controlar un pecado, y en tu frustración comienzas a preguntarte dónde está el poder de Dios. Ten paciencia. Dios está usando las dificultades de hoy para fortalecerte mañana. Te está *equipando*. El Dios que hace que las cosas crezcan te ayudará a llevar fruto.

Descansa en el hecho de que Dios vive dentro de ti. Piensa en el poder que eso proporciona a tu vida. El comprender que Dios mora dentro de ti puede cambiar los lugares adonde quieres ir y las cosas que quieres hacer hoy.

Haz lo que es correcto esta semana, lo que sea, lo que se presente en el camino, cualesquiera que sean los problemas o dilemas que encares. Haz sencillamente lo que sea correcto. Tal vez nadie más está haciendo lo que es correcto, pero haz tú lo que es correcto. Sé honrado. Ponte firme. Sé veraz. Después de todo, a pesar de lo que hagas, Dios hace lo que es correcto: te salva con su gracia.

Caminata con el Salvador

El Cántaro de la Gracia
de Dios

La sangre de Jesucristo su Hijo nos limpia de todo pecado.

1 JUAN 1.7

Juan nos dice: «Estamos limpios de todo pecado gracias a la sangre de Jesús». En otras palabras, siempre somos limpios. La limpieza no es una promesa para el futuro, sino una realidad en el presente. Una motita de polvo cae en el alma de un santo y desaparece. Una mancha de suciedad aparece en el corazón de un hijo de Dios y la mancha se quita.

Nuestro Salvador se arrodilla y fija su mirada sobre los actos más tenebrosos de nuestra vida. Pero en vez de retroceder horrorizado, extiende su mano bondadosa y dice: «Puedo limpiar eso si lo deseas». Y del cántaro de su gracia, saca un puñado de misericordia y lava nuestro pecado.

Pero eso no es todo lo que hace. Porque Él vive en nosotros, tú y yo podemos hacer lo mismo. Porque Él nos ha perdonado, podemos perdonar a otros.

Como Jesús

Desde el Mismo Cielo

> *Y a vosotros … os dio vida juntamente con él,*
> *perdonándonos todos los pecados, anulando el acta*
> *de los decretos que había contra nosotros.*
>
> COLOSENSES 2.13-14

Todas las religiones del mundo se pueden ubicar en uno de estos dos grupos: Legalismo o gracia. La humanidad lo hace o lo hace Dios. La salvación como pago basada en las obras o la salvación como regalo y basada en la muerte de Cristo.

Un legalista cree que el poder supremo que sostiene la salvación es uno mismo. Si te ves bien, hablas correctamente y perteneces al segmento correcto del grupo apropiado, serás salvo. El mayor peso de la responsabilidad no recae sobre Dios; recae sobre ti.

¿El resultado? Lo exterior relumbra. Su conversación es buena y el paso es recto. Pero observa con detenimiento. Escucha cuidadosamente. Falta algo. ¿Qué es? Gozo. ¿Qué hay allí? Temor (de que no haces lo suficiente). Arrogancia (de haber hecho bastante). Fracaso (porque que te has equivocado).

La vida espiritual no se logra por esfuerzo humano. Surge y es orquestada por el Espíritu Santo. Cada logro espiritual lo crea y activa Dios.

Todavía Remueve Piedras

Dios Escucha Nuestras Oraciones

Claman los justos y Jehová oye,
y los libra de todas sus angustias.

El que le avisó a Jesús de la enfermedad de Lázaro le dijo: «Señor, el que tú amas está enfermo». No basa su petición en el imperfecto amor de quien está necesitado, sino en el perfecto amor del Salvador. No le dice: «El que te ama está enfermo». Le dice: «El que tú amas está enfermo». El poder de la oración, en otras palabras, no depende de quien hace la oración, sino de quien oye la oración.

Podemos y debemos repetir la frase en diversas formas. «El que amas está cansado, triste, hambriento, solitario, temeroso, deprimido». Las palabras de la oración varían, pero la respuesta nunca cambia. El Salvador oye la oración. Él hace que el cielo guarde silencio para no perder ni sola una palabra. Él oye la oración.

La Gran Casa de Dios

Noches Oscuras, Luz de Dios

Exhorto ante todo, a que se hagan rogativas, oraciones, peticiones, y acciones de gracia, por todos los hombres.

1 TIMOTEO 2.1

Uno se pregunta si es una bendición o una maldición tener una mente que no se queda quieta. Pero prefiere ser cínico que hipócrita, y sigue orando con un ojo abierto, preguntándote:

sobre los niños hambrientos,

sobre el poder de la oración,

sobre los cristianos con cáncer.

Preguntas difíciles. Preguntas para tirar la toalla. Preguntas que los discípulos deben haber hecho en la tormenta.

Solamente veían cielos oscuros mientras se zarandeaban en la agitada embarcación.

Entonces una figura fue hacia ellos caminando sobre las aguas. No fue lo que esperaban... Casi pierden la oportunidad de ver sus oraciones contestadas.

Y a menos que miremos y escuchemos detenidamente, nos arriesgamos a cometer el mismo error. Las luces de Dios en nuestras oscuras noches son tan numerosas como las estrellas, si sabemos buscarlas.

En el Ojo de la Tormenta

El Manto de Humanidad

Tomó consigo a Pedro, a Jacobo y a Juan, y comenzó a entristecerse y angustiarse.

MARCOS 14.33

«Y Cristo, en los días de su carne, ofreciendo ruegos y súplicas con gran clamor y lágrimas al que lo podía librar de la muerte, fue oído a causa de su temor reverente» (Hebreos 5.7).

¡Qué cuadro! Jesús está quebrantado. Jesús presa del temor. Jesús revestido, no de santidad, sino de humanidad.

La próxima vez que te sorprenda la neblina, harás bien en recordar a Jesús en el huerto. La próxima vez que pienses que nadie te entiende, relee el capítulo 14 de Marcos. La próxima vez que la autocompasión te convenza de que a nadie le importas, visita el Getsemaní. Y la próxima vez que te preguntes si es cierto que Dios percibe el dolor que prevalece en este polvoriento planeta, escúchalo suplicando entre los árboles retorcidos.

Con Razón lo Llaman el Salvador

La Norma

En esa voluntad somos santificados mediante la ofrenda
del cuerpo de Jesucristo hecha una vez para siempre.

HEBREOS 10:10

Solo los santos verán a Dios. La santidad es un requisito para el cielo. La perfección es un requerimiento para la eternidad. Desearíamos que no fuese así. Nos comportamos como si no lo fuera. Nuestro comportamiento parece indicar que los que son «decentes» verán a Dios. Damos a entender que los que se esfuerzan verán a Dios. Nos comportamos como si fuésemos buenos mientras que no hagamos nada malo. Y como si esa bondad bastara para darnos la entrada al cielo.

Esto nos parece bien, pero a Dios no. Y Él es quien establece las normas. La norma es elevada. «Sed, pues, perfectos, como vuestro Padre que está en los cielos es perfecto» (Mateo 5.48).

Como has de saber, en el plan de Dios, Él es la norma de la perfección. No nos comparemos con otros; ellos están tan errados como nosotros. La meta es ser como Él; cualquier cosa inferior a esa meta es inadecuada.

Todavía Remueve Piedras

Unas Cuantas Escenas Más

«En el mundo tendréis aflicción»,
prometió Jesús, «pero confiad,
yo he vencido al mundo».

Dios no ha guardado secretos. Nos ha dicho que mientras estemos en este camino de adoquines amarillos [de la vida], tendremos dificultades. La enfermedad afligirá nuestros cuerpos. El divorcio destrozará corazones. La muerte traerá viudez y la devastación destruirá naciones. No debemos esperar nada menos. Pero solo porque el diablo aparezca y se nos carcajee en la cara no debemos llenarnos de pánico.

Nuestro Maestro habla de un hecho realizado … «Consumado es» (Juan 19.30). La batalla ha terminado. Estate alerta, pero no alarmado … El manuscrito ha sido publicado. El libro ha sido encuadernado. Satanás está suelto durante una temporada, pero el período es breve … Solo unas cuantas escenas más, solo unas vueltas más en el camino, y su fin vendrá.

Cuando Cristo Venga

Un Toque Divino

Jesús extendió la mano
y le tocó, diciendo:
Quiero, sé limpio.

MATEO 8.3

Oh, el poder de un toque divino. ¿Lo has conocido? El doctor que te atendió, o el maestro que enjugó tus lágrimas? ¿Hubo una mano que sostuvo la tuya durante el funeral? ¿O sentiste una mano en el hombro durante el juicio? ¿Un estrechón de manos de bienvenida en un nuevo empleo?

¿Podemos nosotros ofrecer lo mismo?

Muchos ya lo hacen. Algunos tienen el toque maestro del Médico mismo. Usan las manos para orar por el enfermo y ministrarle al débil. Si no lo estás tocando personalmente, tus manos escriben cartas, marcan números de teléfono, hornean pasteles. Has aprendido el poder de un toque.

Pero algunos tendemos a olvidar. Nuestro corazón es bueno; es la memoria la que es mala. Olvidamos cuán significativo puede ser un toque.

¿No nos alegramos de que Jesús no cometió el mismo error?

Como Jesús

La Prioridad de Dios

Encomienda a Jehová tu camino,
y confía en él;
y él hará.

SALMO 37.5

Dios está comprometido a suplir nuestras necesidades. Pablo nos dice que el hombre que no provee para los suyos es peor que un incrédulo (1 Timoteo 5.8) ¿Cuánto más un Dios santo cuidará de sus hijos? Después de todo, ¿cómo podemos cumplir su misión si no son cubiertas nuestras necesidades?¿Cómo podemos enseñar, ministrar o influir si no se satisfacen nuestras necesidades básicas? ¿Nos reclutará Dios en su ejército y no proveerá una intendencia? Por supuesto que no.

«[Ruego que] el Dios de paz les dé todo lo necesario para que ustedes puedan hacer lo que él desea». (Hebreos 13.20) ¿No ha recibido esta oración respuesta en nuestra vida? Quizás no hayamos tenido un festín, pero ¿no hemos tenido siempre alimento? Quizás no haya habido banquete, pero por lo menos hubo pan. Y muchas veces *hubo* banquete.

La Gran Casa de Dios

Hijo de Dios

Mirad cuál amor nos ha dado el Padre,
para que seamos llamados hijos de Dios.

Permíteme decirte quién eres. Es más, permíteme proclamar quién eres.

Eres heredero de Dios y coheredero con Cristo (Romanos 8.17).

Eres eterno, como los ángeles (Lucas 20.36).

Tienes una corona incorruptible (1 Corintios 9.25).

Eres sacerdote santo (1 Pedro 2.5), un tesoro especial (Éxodo 19.5).

Pero mayor que lo mencionado anteriormente, más significativo que cualquier título o posición, es el simple hecho de que eres hijo de Dios.

Y de veras que somos sus hijos.

Por lo tanto, si algo es importante para ti, también lo es para Dios.

Todavía Remueve Piedras

Huellas del Discipulado

En esto conocerán todos que sois mis discípulos, si tuviereis amor los unos con los otros.

JUAN 13.35

Observa a un niñito seguir a su papá por la nieve. Se estira para pararse donde su papá pisa. No es tarea fácil. Extiende las piernitas lo más que puede para que sus pies puedan caer en las huellas de su padre.

El padre, al ver lo que hace el hijo, sonríe y comienza a dar pasos más cortos para que el niño pueda seguirlos.

Este es un cuadro de discipulado.

En nuestra fe seguimos los pasos de alguien. Un padre, un maestro, un héroe. Ninguno de nosotros es el primero en andar el trayecto. Todos tenemos alguien a quien seguimos.

En nuestra fe dejamos huellas para guiar a otros. A un niño, a un amigo, a un recién convertido. A nadie se le debe dejar andar solo el camino.

Este es el principio del discipulado.

La Biblia de Estudio Inspiradora

Un Plan Increíble

Y estando en la condición de hombre,
se humilló a sí mismo, haciéndose obediente
hasta la muerte, y muerte de cruz.

FILIPENSES 2.8

 Cuando unas manos humanas sujetaron con clavos las manos divinas a una cruz, no fueron los soldados quienes mantuvieron fijas las manos de Jesús. Fue Dios quien las sostuvo. Eran las manos que formaron los océanos y formaron las montañas. Eran las manos que diseñaron el amanecer y dibujaron cada nube. Eran las manos que trazaron un increíble plan para ti y para mí.

Paséate por la colina. Llégate al Calvario, a la cruz donde, con sangre sagrada, la mano que te puso en el planeta escribió una promesa: «Dios entregaría a su único Hijo antes que darse por vencido contigo».

Seis Horas un Viernes

La voz del pastor

> *[Llegará la] hora cuando todos los que están en los*
> *sepulcros oirán su voz; y los que hicieron*
> *lo bueno saldrán a resurrección de vida.*
>
> JUAN 5.28-29

El día vendrá cuando todos oirán la voz de Jesús. El día vendrá cuando callarán las demás voces; se escuchará su voz… y solo su voz.

Algunos oirán su voz por primera vez. No es que nunca hablara, sino que ellos nunca oyeron. Para estos, la voz de Dios será la voz de un extraño. La oirán una vez y no volverán a oírla. Pasarán la eternidad tratando de no oír las voces que siguieron en la tierra.

Pero otros saldrán de la tumba al escuchar el llamado de una voz conocida. Son ovejas que conocen a su pastor. Son siervos que abrieron la puerta cuando Jesús tocó.

Ahora la puerta se abrirá de nuevo. Solo que esta vez no será Jesús quien entre a nuestra casa: Nosotros entraremos a la suya.

En el Ojo de la Tormenta

Abril

Fortaleceos en el Señor,
y en el poder de su fuerza.

—EFESIOS 6:10

Un Encuentro de Momentos

*A éste ... prendisteis y matasteis por
manos de inicuos, crucificándole.*

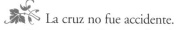 La cruz no fue accidente.

La muerte de Jesús no fue obra de un ingeniero cosmológico presa del pánico. La cruz no fue una sorpresa trágica. El Calvario no fue una reacción precipitada ante un mundo que iba de picada hacia la destrucción. No fue un remiendo ni una solución provisional. La muerte del Hijo de Dios fue cualquier cosa menos un riesgo inesperado.

No, fue parte de un plan increíble, una decisión calculada.

En el momento en que el fruto prohibido tocó los labios de Eva, la sombra de una cruz apareció en el horizonte. Y entre ese momento y el momento en que el hombre con un martillo colocaba los clavos en la muñeca de Dios, un plan maestro se fue cumpliendo.

Dios se Acercó

Una Sombra en Forma de Cruz

*Juan ... dijo: He aquí el Cordero de Dios,
que quita el pecado del mundo.*

JUAN 1.29

Jesús nació crucificado. Cada vez que hacía conciencia de quién era, también hacia conciencia de lo que tenía que hacer. La sombra en forma de cruz siempre estaba a la vista. Y los gritos de los condenados al infierno podían escucharse siempre.

Esto explica el destello de la determinación en su rostro cuando decidió ir a Jerusalén por última vez. Iba en su marcha hacia la muerte (Lucas 9.51).

Esto explica la firme decisión en sus palabras al decir: «Por eso me ama el Padre, porque yo pongo mi vida, para volverla a tomar. Nadie me la quita, sino que yo de mí mismo la pongo» (Juan 10.17-18).

Llama esto como quieras llamarlo: Un acto de gracia. Un plan de redención. El sacrificio de un mártir. Pero como quiera que lo llames, no lo llames un accidente. Fue cualquier cosa menos eso.

Dios se Acercó

Tú Estabas en sus Oraciones

Y él se apartó de ellos a distancia como de un tiro de
piedra; y puesto de rodillas oró.

LUCAS 22.41

La oración final de Jesús fue por ti. Su dolor final fue por ti. Su pasión final fue para ti. Antes de ir a la cruz, Jesús fue al huerto. Y cuando habló con su Padre, tú estabas en sus oraciones.

Y Dios no podía darte la espalda. No podía porque Él te vio. Y bastó que te mirara una vez para convencerse. Estabas exactamente en medio de un mundo que no es justo. Te vio caer en un río de la vida que no solicitaste. Te vio traicionado por personas que amabas. Te vio con un cuerpo que se enferma y un corazón que se debilita.

En vísperas de la cruz, Jesús tomó la decisión. Prefería ir al infierno por ti que ir al cielo sin ti.

Y los Ángeles Guardaron Silencio

La Deuda se Pagó

Si vuestros pecados fueren como la grana, como la nieve serán emblanquecidos; si fueren rojos como el carmesí, vendrán a ser como blanca lana.

ISAÍAS 1.18

Cuando Jesús nos dijo que orásemos por el perdón de nuestras deudas, como nosotros perdonamos a nuestros deudores, sabía quién pagaría la deuda. Cuando colgado de la cruz dijo «Consumado es»... ¡la deuda se pagó!

Hay algunos hechos que nunca cambiarán. Un hecho es que eres perdonado. Si estás en Cristo, cuando Él te ve, tus pecados están cubiertos: no los ve. El te ve mejor a ti de lo que tú te ves a ti mismo. Y esta es una gloriosa realidad de tu vida.

Caminata con el Salvador

El Corazón que Adora

Venid, adoremos y postrémonos; arrodillémonos delante
de Jehová nuestro hacedor.

SALMO 95.6

Adoración. En dos mil años no hemos superado nuestros defectos.. Aún luchamos por las palabras adecuadas en la oración. Aún manejamos torpemente las Escrituras. No sabemos cuándo arrodillarnos. No sabemos cuándo ponernos de pie. No sabemos cómo orar.

La adoración es una tarea que nos atemoriza.

Por esa razón, Dios nos dio Salmos, un libro de alabanza para el pueblo de Dios. Esta colección de himnos y peticiones está enlazadas por un hilo: un corazón que tiene hambre de Dios.

Algunos salmos son desafiantes. Otros son reverentes. Algunos son para cantar, otros para orar. Algunos son intensamente personales. Otros están escritos como si el mundo entero los fuera a repetir.

Esa variedad debería recordarnos que la adoración es personal. No existe una fórmula secreta. Lo que a ti te mueve puede paralizar a otro. Todos adoramos de formas diferentes, pero todos debemos adorar.

La Biblia de Estudio Inspiradora

Solución Celestial

*Y hablo esto en el mundo,
para que tengan mi gozo
cumplido en sí mismos.*

JUAN 17.13

Lo que Jesús soñaba hacer y lo que parecía poder hacer estaban separados por un terrible abismo. Así, pues, Jesús oró.

No sabemos qué oró. Pero tengo mis suposiciones... Oró que sucediera lo imposible.

Tal vez estoy equivocado. Quizás no pidió nada. Tal vez sencillamente se mantuvo quieto en presencia de la Presencia y disfrutó el calor de la Majestad. Quizás puso ante el trono su ser cansado de la lucha y descansó.

Quizá levantó la cabeza por encima de la confusión de la tierra el tiempo necesario para escuchar la solución del cielo. Tal vez se le recordó que los corazones duros no desconciertan al Padre. Que la gente problemática no perturba al Eterno.

En el Ojo de la Tormenta

Una Palabra de sus Labios

He aquí os doy potestad ...
y sobre toda fuerza del enemigo.

Muchos actores aparecen en el escenario del Getsemaní. Judas y su traición. Pedro y su espada. Los soldados y sus armas. Y aunque estos son importantes, no son fundamentales. El encuentro no es entre Jesús y los soldados; es entre Dios y Satanás. Satanás se atreve a entrar incluso en este otro huerto, pero Dios se impone y Satanás no tiene salida.

Satanás cae ante la presencia de Cristo. Una palabra de sus labios, y el ejército más poderoso del mundo se desbaratará.

Satanás calla ante la proclamación de Cristo. Ni una sola vez habló el enemigo sin que mediara una invitación de Jesús. Satanás no tiene nada que decir delante de Cristo.

Satanás está indefenso ante la protección de Cristo.

Cuando Jesús dice que te protege, es cierto. El infierno tendría que pasar a través de Él para que llegara a ti. Jesús puede protegerte. Cuando Él dice que te llevará a casa, Él te llevará a casa.

El Trueno Apacible

La Fe Ve al Salvador

Fortaleceos en el Señor, y en el poder de su fuerza.

EFESIOS 6.10

Estoy de pie a poco pasos de un espejo y veo el rostro de un hombre que falló… le falló a su Creador. Otra vez. Prometí que no lo haría, pero lo hice. Callé cuando debí haber sido denodado. Me senté cuando debí haber adoptado una postura.

Si esta fuera la primera vez, sería diferente. Pero no lo es. ¿Cuántas veces puede uno caer y esperar ser rescatado?

Tus ojos miran al espejo y ven a un pecador, a un fracasado, a un incumplidor de promesas. Pero mediante la fe miras al espejo y ves a un hijo pródigo con vestidura elegante que lleva el anillo de la gracia en un dedo y el beso del Padre en el rostro.

Tus ojos ven tus faltas. Tu fe ve a tu Salvador.

Tus ojos ven tu culpa. Tu fe ve su sangre.

Cuando Dios Susurra tu Nombre

Balanzas Inclinadas

Y de conocer el amor de Cristo,
que excede a todo conocimiento, para que seáis
llenos de toda la plenitud de Dios.

EFESIOS 3.19

No estuvo bien que los clavos hayan perforado las manos que formaron la tierra. No estuvo bien que el Hijo de Dios fuese obligado a escuchar el silencio de Dios.

No estuvo bien, pero ocurrió.

Porque mientras Jesús estaba en la cruz, las manos de Dios quedaron inmóviles. Le dio la espalda. Desoyó los gritos del inocente.

Se sentó en silencio mientras depositaban los pecados del mundo sobre su Hijo. Y no hizo nada mientras un grito un millón de veces más sangriento [que el de cualquiera] resonó en el cielo ennegrecido: «Dios mío, Dios mío, ¿por qué me has desamparado?»

¿Estuvo bien eso? No.
¿Fue eso justo? No.
¿Fue eso amor? Sí.

El Aplauso del Cielo

Su Corazón Partido

Y al ver las multitudes, tuvo compasión de ellas;
porque estaban desamparadas y dispersas
como ovejas que no tienen pastor.

MATEO 9.36

No lo puedo comprender. Sinceramente, no puedo. ¿Por qué Jesús murió en la cruz? Ah, ya sé, ya sé. He oído las respuestas oficiales. «Para satisfacer la Ley antigua». «Para cumplir las profecías». Y estas respuestas son correctas. En verdad, lo son. Pero hay algo más aquí. Algo muy compasivo. Algo de añoranza. Algo personal.

¿Qué es?

¿Será que se le partió el corazón al ver a toda aquella gente que en medio de la desesperación miraba hacia el entenebrecido cielo y gritaba el mismo «Por qué»? ¿Tendría el corazón destrozado por el dolor?

Me lo imagino, inclinándose ante los que sufrían. Me lo imagino escuchando. Veo sus ojos nublarse y una mano agujereada limpiando una lágrima… Aquel que también estuvo solo, comprende.

Con Razón lo Llaman el Salvador

El Amor Colgó de una Cruz

De tal manera amó Dios al mundo, que ha dado a su Hijo unigénito, para que todo aquel que en el cree, no se pierda, mas tenga vida eterna.

JUAN 3.16

Extendió la vista alrededor de la colina y previó una escena. Tres figuras colgaban de tres cruces. Con los brazos extendidos. Con la cabeza inclinada hacia delante. Gemían con el viento.

Unos hombres en uniforme militar estaban sentados en el suelo cerca de los tres.

Algunas mujeres revestidas de dolor se apretujaban al pie de la colina … con la cara llena de lágrimas.

Todo el cielo estaba en posición de combate. La naturaleza entera estaba dispuesta al rescate. Toda la eternidad estaba lista para protegerlo. Pero el Creador no dio la orden.

«Hay que hacerlo…» dijo, y se retiró.

El ángel volvió a hablar. «Sería menos doloroso si…»

El Creador lo interrumpió suavemente. «Pero no sería amor».

En el Ojo de la Tormenta

El Mensaje de Dios al Hombre

Cuando Jesús hubo tomado el vinagre, dijo:
Consumado es. Y habiendo inclinado
la cabeza, entregó el espíritu.

JUAN 19.30

 «Consumado es».

Detente y escucha un momento. Deja que las palabras vuelen a través de tu corazón. Imagínate el grito desde la cruz. El cielo está oscuro. Las otras dos víctimas están gimiendo. Las bocas burlonas de la multitud guardan silencio. Quizás truena. Quizás hay llanto. Quizás hay silencio. Entonces Jesús suspira profundamente, empuja hacia abajo el pie sobre el clavo romano, y exclama: «¡Consumado es!»

¿Qué se ha consumado?

El plan antiguo como la historia misma de la redención humana fue consumado. El mensaje de Dios al hombre fue consumado. La obra que realizó Jesús como hombre sobre la tierra fue consumada… El aguijón de la muerte quedó eliminado. Todo concluyó.

Con Razón lo Llaman el Salvador

La Llave de Nuestra Fe

Si creemos que Jesús murió y resucitó, así también traerá
Dios con Jesús a los que durmieron en él.

1 TESALONICENSES 4.14

Para cualquier seguidor de Cristo la promesa es sencillamente esta: La resurrección de Jesús es prueba y antecedente de la nuestra.

Para cualquier seguidor de Cristo la promesa es sencillamente esta: La resurrección de Jesús es prueba y antecedente de la nuestra.

Pero, ¿podemos confiar en la promesa? ¿Es la resurrección una realidad? ¿Serán verdad las declaraciones sobre la tumba vacía? Esta no es solo una buena pregunta. Esta es la pregunta. Como escribió Pablo, «si Cristo no resucitó, vuestra fe es vana; aún estáis en vuestros pecados» (1 Corintios 15.17). En otras palabras, si Cristo ha resucitado, sus seguidores se unirán a Él; pero de no ser así, sus seguidores son unos desatinados. La resurrección, pues, es la llave en el arca de la fe cristiana.

Cuando Cristo Venga

Un Noble Motivo

Al amanecer del primer día de la semana, vinieron
María Magdalena y la otra María, a ver el sepulcro.

MATEO 28.1

No es la esperanza lo que conduce a María y a María Magdalena a subir la colina hasta el sepulcro. Es el deber. Pura devoción. No esperan recibir nada a cambio. ¿Qué podría darles Jesús? ¿Qué puede ofrecer un hombre muerto? Las dos mujeres no están subiendo la colina para recibir, van a la tumba a dar. Punto.

No existe motivo más noble…

Es un servicio impulsado por el deber. Este es el llamado del discipulado.

Todavía Remueve Piedras

Una Tarea Santa

Y todo lo que hacéis, sea de palabra o de hecho, hacedlo
todo en el nombre del Señor Jesús.

COLOSENSES 3.17

[María y María Magdalena] sabían que había que realizar una tarea. Había que preparar el cuerpo de Jesús para el entierro. Pedro no se ofreció. Andrés tampoco. Por eso las dos Marías decidieron hacerlo.

Me pregunto si a mitad del camino a la tumba se habrán sentado a reconsiderar su propósito. Qué si se hubiesen mirado la una a la otra y, encogiéndose de hombro, se hubiesen dicho: «¿Y para qué?» ¿Qué si se hubieran dado por vencidas? ¿Y si una hubiera levantado los brazos decepcionada y se hubiera lamentado: «Estoy cansada de ser la única que se interesa en esto. Que Andrés haga algo aunque sea una vez. Que Natanael demuestre un poco sus dotes de líder».

Si estuvieron tentadas a hacerlo o no, me alegro de que no desistieron. Hubiera sido trágico. Claro, sabemos algo que ellas no sabían. Sabemos que el Padre estaba observando. María y la otra María pensaban que estaban solas, pero no lo estaban. Creían que nadie sabía de su visita a la tumba. Estaban equivocadas. Dios lo sabía.

Todavía Remueve Piedras

El Único Camino

> *Yo soy el camino, la verdad y la vida;*
> *nadie viene al Padre sino por mí.*
>
> JUAN 14.6

La tolerancia es una virtud valiosa hoy. Poder ser comprensivos con las personas con quienes no estamos de acuerdo es señal de refinamiento. Jesús también, fue un campeón de la tolerancia:

- Fue tolerante con los discípulos cuando dudaban.
- Fue tolerante con las multitudes cuando no comprendían.
- Es tolerante con nosotros cuando caemos.

Pero hay algo en que Jesús fue intolerante. Algo en lo que no fue indulgente, sino dogmático.

En cuanto a lo que le concierne, cuando se trata de la salvación, no hay varios caminos... hay un solo camino... No hay varias vías... hay una sola vía. Y esa vía es Jesús mismo.

Por eso es tan difícil que la gente crea en Jesús. Es mucho más fácil considerarlo como una entre muchas opciones, que considerarlo la opción. Pero tal filosofía no es una opción.

El Trueno Apacible

Falta de Fondos

*Al que no obra, sino cree en aquel que justifica
al impío, su fe le es contada por justicia.*

ROMANOS 4.5

Si Cristo no nos hubiera cubierto con su gracia, estaríamos sobregirados en nuestra cuenta del banco celestial. En lo que a bondad se refiere, tendríamos fondos insuficientes. Santidad inadecuada. Dios exige cierto saldo de virtud a nuestro favor y eso es más de lo que cualquiera de nosotros puede tener por sí solo. Nuestra cuenta de santidad muestra falta de fondos y solo el que es santo verá al Señor. ¿Qué podemos hacer?

Podríamos tratar de hacer algunos depósitos. Quizás si saludo a mi vecino o elogio a mi cónyuge, o voy a la iglesia el domingo próximo, podré ponerme al día. Pero ¿cómo sabes cuando has hecho suficiente?

Si estás tratando de justificar tu estado de cuentas, olvídate de que puedas tener paz… Tratas de justificar una deuda que no puedes saldar. «Es Dios quien justifica» (Romanos 8:33).

La Gran Casa de Dios

No Perfección, sino Perdón

Al que no conoció pecado, por nosotros lo hizo pecado,
para que nosotros fuéremos hechos justicia de Dios en él.

No fueron los romanos los que clavaron a Jesús en la cruz. No fueron los clavos los que mantuvieron a Jesús en la cruz. Lo que lo sostuvo en la cruz fue su convicción de que era necesario que Él se hiciera pecado. Era necesario que Él, que es puro, llegara a ser pecado para que la ira de Dios se derramara, no sobre la creación, sino sobre el Creador.

Cuando aquel que no conoció pecado llegó a ser pecado por nosotros, cuando el inocente se vio cubierto con todos los pecados del mundo, Dios no llamó a su ejército de ángeles para salvarlo. No lo hizo porque sabía que prefería renunciar a su Hijo que abandonarnos a nosotros.

A pesar de lo que hayas hecho, no es demasiado tarde. Independientemente de cuán bajo hayas caído, no es demasiado tarde. Por profundo que haya sido el error que has cometido, no es demasiado tarde para excavar, sacar ese error y dejarte libre.

Lo que hace cristiano a un cristiano no es la perfección, sino el perdón.

Caminata con el Salvador

Preguntas que Callamos

Una virgen concebirá y dará a luz un hijo, y llamarás su nombre Emanuel, que traducido es: Dios con nosotros.

MATEO 1.23

El espacio en blanco entre los versículos de la Biblia es terreno fértil para preguntas. Uno casi no puede leerla sin decirse: «Me pregunto si...»

«Me pregunto si Eva alguna vez volvió a comer frutas».

«Me pregunto si Noé durmió bien durante las tormentas».

Pero en nuestra curiosidad hay una pregunta que nunca hay que formular. ¿Cuida Dios de nosotros? ¿Le importamos a Dios? ¿Ama aún a sus hijos?

Por medio del pequeño rostro del niño nacido en aquel establo dice que sí.

Sí, tus pecados te son perdonados.

Sí, tu nombre está escrito en los cielos.

Y sí, Dios ha penetrado en tu mundo. Emmanuel. Dios con nosotros.

Todavía Remueve Piedras

El Fuego de tu Corazón

El hacer tu voluntad, Dios mío, me ha agradado,
y tu ley está en medio de mi corazón.

SALMO 40.8

¿Deseas conocer la voluntad de Dios para tu vida? Entonces responde a esta pregunta: ¿Qué es lo que prende tu corazón? ¿Los niños abandonados? ¿Las naciones inconversas? ¿La ciudad? ¿Los barrios marginales?

¡Pon atención al fuego que tienes en tu interior!

¿Sientes pasión por el canto? ¡Pues, canta! ¿Te sientes impulsado a administrar? ¡Pues, administra! ¿Sufres por el enfermo? ¡Cúralo! ¿Sientes dolor por los perdidos? ¡ Enséñalos!

En mi juventud sentí el llamado a predicar. Como no estaba seguro de interpretar debidamente la voluntad de Dios, le pedí consejo a un ministro que admiraba. Su consejo todavía resuena con la verdad. «No prediques» me dijo, «a menos que tengas que hacerlo».

Reflexionando sobre sus palabras hallé mi respuesta: «Tengo que predicar. De no hacerlo, este fuego me consumirá».

¿Cuál es el fuego que te consume?

La Gran Casa de Dios

Un Tiempo Bien Distribuido

Mas él se apartaba a lugares desiertos, y oraba.

LUCAS 5.16

¿Cuánto tiempo hace que le permitiste a Dios tenerte?

Quiero decir *tenerte* de verdad. ¿Cuánto tiempo hace que dedicaste una porción de tu tiempo, no escaso ni interrumpido, a escuchar su voz? Aparentemente Jesús lo hacía. Hacía un esfuerzo deliberado por pasar tiempo con Dios.

Dedica bastante tiempo a leer sobre la vida de Jesús como oyente, y verás surgir un panorama distinto. Él dedicaba regularmente tiempo a estar con Dios, a orar y escuchar. Marcos dice: «Levantándose muy de mañana, siendo aún muy oscuro, salió y se fue a un lugar desierto, y allí oraba» (Marcos 1.35).

Permíteme preguntar lo que es obvio. Si Jesús, el Hijo de Dios, el santo Salvador de la humanidad, creyó valioso dejar espacio en su calendario para orar, ¿no será sabio que hagamos lo mismo?

Como Jesús

La Obra Magna de Dios

Cuando él se manifieste, seremos semejantes a él,
porque le veremos tal como él es.

1 JUAN 3.2

Cuando llegues [al cielo] … algo maravilloso sucederá. Una transformación final tendrá lugar. Serás tal cual Jesús…

¡De todas las bendiciones del cielo, una de las mayores serás tú! Serás el opus mágnum de Dios, su obra de arte. Los ángeles quedarán boquiabiertos. La obra de Dios se habrá completado. Por fin, tendrás un corazón como el suyo.

Amarás con un amor perfecto.

Adorarás con un rostro radiante.

Oirás cada palabra que Dios habla.

Tu corazón será puro, tus palabras serán como alhajas, tus pensamientos serán cual tesoros.

Serás exactamente como Jesús. Tendrás, por fin, un corazón como el suyo.

Como Jesús

Amigos de Dios

Ya no os llamaré siervos ...
pero os llamaré amigos.

JUAN 15.15

Mediante el sacrificio de Cristo, nuestro pasado está perdonado y nuestro futuro es seguro. Además, «justificados, pues, por la fe, tenemos paz para con Dios» (Romanos 5.1).

Paz con Dios. ¡Qué feliz consecuencia de la fe! No solamente paz entre las naciones, paz entre vecinos y paz en el hogar; la salvación trae paz con Dios.

Dios ya no es un enemigo, sino un amigo. Estamos en paz con Él.

En Manos de la Gracia

La Confesión Genera Paz

> *Bienaventurado aquél cuya*
> *trasgresión ha sido perdonada.*
>
> SALMO 32.1

Si ya somos perdonados, ¿por qué Jesús nos enseña a orar «perdona nuestras deudas»?

Por la misma razón que desearías que tus hijos hicieran lo mismo. Si mis hijos violan una de mis normas o desobedecen una regla, yo no los repudio. Ni los echo de la casa ni les digo que se cambien el apellido. Pero espero que sean sinceros y se disculpen. Y hasta que lo hagan, la ternura de nuestras relaciones sufrirá. La naturaleza de nuestras relaciones no será alterada, pero sí su intimidad.

Lo mismo sucede en nuestro caminar con Dios. La confesión no establece relaciones con Dios, sencillamente las nutre. Si eres creyente, el que reconozcas tu pecado no altera tu posición ante Dios, sino que realza tu paz con Dios.

La Gran Casa de Dios

Algo Profundo en Ti

*Las cosas invisibles de él ... se hacen claramente visibles
desde la creación del mundo, siendo entendidas por
medio de las cosas hechas, de modo que no tienen excusa.*

ROMANOS 1.20

El juicio de Dios [el día que Cristo regrese] se basa en la respuesta humana al mensaje que recibieron. Él nunca nos culpará de lo que no nos ha dicho. Al mismo tiempo, nunca nos dejará morir sin decirnos algo. Aun aquellos que nunca oyeron de Cristo reciben un mensaje sobre el carácter de Dios. «Los cielos cuentan la gloria de Dios» (Salmo 19.1).

La naturaleza es el primer misionero de Dios. Donde no hay Biblia, hay estrellas centelleantes. Donde no hay predicadores, hay primaveras. Si una persona no tiene otra cosa que la naturaleza, la naturaleza es suficiente para revelarle algo de Dios. Como alguien dijo, la ley de Dios no ha sido impuesta sobre nosotros desde afuera, sino entretejida en la misma tela de nuestra creación. Existe algo profundo dentro de las personas que hace resonar el sí y el no de Dios, y lo correcto e incorrecto. Tu respuesta al sí y al no de Dios se dará a conocer públicamente el día que Dios tome su decisión final sobre cada hombre y mujer. (Lee Romanos 2.15-16.)

Cuando Cristo Venga

El Carácter Crea Valor

Esforzaos todos vosotros los que esperáis en Jehová,
y tome aliento vuestro corazón.

SALMO 31.24

Una leyenda india cuenta de un ratón al que le aterrorizaban los gatos hasta que un mago convino en volverlo gato. Esto aplacó su miedo… hasta que vio a un perro. El mago lo convirtió en perro. El ratón vuelto gato vuelto perro estuvo feliz hasta que vio a un tigre. Otra vez, el mago lo volvió en lo que temía. Pero cuando el tigre llegó quejándose de que se había topado con un cazador, el mago no quiso ayudarlo. «Te reconvertiré en ratón, porque si bien tienes cuerpo de tigre, sigues con corazón de ratón».

¿Qué te parece? ¿Cuántas personas conoces que han adoptado una apariencia formidable, pero por dentro siguen temblando de temor? … Nos enfrentamos a nuestros temores con fuerza … o … acumulamos riquezas. Buscamos seguridad en las cosas. Cultivamos la fama y procuramos un nivel social.

Pero, ¿dan resultado estos métodos? La valentía surge de lo que somos. Los apoyos externos pueden sustentarnos temporalmente, pero solo el carácter interno crea valentía.

El Aplauso del Cielo

Único en su Clase

Tú formaste mis entrañas;
tú me hiciste en el vientre de mi madre..

SALMO 139.11

En mi ropero cuelga un suéter que rara vez uso. Es demasiado pequeño. Debería deshacerme de ese suéter… pero el amor no me lo permite.

Es producto de la expresión de amor de una madre devota. Cada hebra fue escogida con cuidado. Cada hilo seleccionado con afecto. Es valioso no por su función, sino por su creadora.

Eso debe haber sido lo que el salmista tenía en mente cuando escribió «tú me hiciste en el vientre de mi madre».

Piensa en esas palabras. Fuiste tejido como una sola pieza. No eres un accidente, ni fuiste producido en masa. No eres producto de una línea de montaje.

Fuiste planeado deliberadamente, específica-mente dotado y colocado amorosamente en esta tie-rra por el Maestro Artesano. En un sistema que mide el valor de un ser humano por las cifras de su salario o la forma de sus piernas … déjame decirte algo: ¡El plan de Jesús es para regocijarse!

El Aplauso del Cielo

La Voz de la Gracia

De cierto, de cierto te digo que
hoy estarás conmigo en el paraíso.

Dime, ¿qué ha hecho [el ladrón que está en la cruz] para justificar la ayuda? Ha malgastado su vida. ¿Quién es él para pedir perdón? Públicamente se burló de Jesús. ¿Qué derecho tiene para orar… «Señor, acuérdate de mí cuando vinieres en tu reino»?

¿De veras quieres saberlo? El mismo derecho que tienes tú para orar.

Ese somos tú y yo en la cruz. Desnudos, desolados, sin esperanza y marginados. Ese es nosotros. Ese es nosotros cuando pedimos.

No alardeamos. No hacemos recuento de éxitos ni logros. Cualquier sacrificio parece tonto cuando se lleva ante Dios en una cruz.

Nosotros, como el ladrón, tenemos una oración más. Y nosotros, como el ladrón, oramos.

Y como el ladrón, oímos la voz de la gracia.

Todavía Remueve Piedras

Espiritualidad de Segunda Mano

Acercaos a Dios, y él se acercará a vosotros.

SANTIAGO 4.8

Algunos hemos tratado de tener un momento diario de quietud y no lo hemos logrado. Otros hemos tenido dificultades para concentrarnos. Y todos estamos muy ocupados. Por eso, en lugar de pasar tiempo con Dios escuchando su voz, dejamos que otros lo hagan para luego beneficiarnos de su experiencia. Dejamos que ellos nos digan lo que Dios está diciendo. Después de todo ¿No es para eso que pagamos a los predicadores?

Si así piensas, si tus experiencias espirituales son de segunda mano y no de primera, quisiera retarte con este pensamiento: ¿Haces eso con otros aspectos de tu vida?

No haces eso con las vacaciones … No haces eso en un romance … No permites que otro coma por ti. ¿Verdad? Hay ciertas cosas que nadie puede hacer por ti.

Y una de esas cosas es pasar tiempo con Dios.

Como Jesús

Mendigos Necesitados de Pan

*El pan nuestro de cada día, dánoslo hoy,
y perdónanos nuestras deudas como también
nosotros perdonamos a nuestros deudores.*

MATEO 6.11-12

Somos pecadores necesitados de gracia, luchadores necesitados de fuerzas. Jesús nos enseñó a orar: «Perdónanos nuestras deudas ... y no nos dejes caer en tentación».

Todos hemos cometido errores y cometeremos más. La línea que separa lo mejor de lo peor en nosotros es muy delgada, por lo que es de sabios tomar muy en serio la amonestación de Pablo: «¿Por qué juzgas a tu hermano? ... ¿Por qué menosprecias a tu hermano? Porque todos compareceremos ante el tribunal de Cristo» (Romanos 14.10).

A tu hermana le gustaría que yo te recordara que ella necesita comprensión. Así como tú necesitas perdón, ella también lo necesita. Llega un momento en cualquier relación cuando es perjudicial buscar justicia, cuando ajustar cuentas solo aviva el fuego. Llega el momento cuando lo mejor que puedes hacer es aceptar a tu hermano y ofrecerle la misma gracia que recibiste.

La Gran Casa de Dios

Mayo

Lámpara es a mis pies tu palabra,
y lumbrera a mi camino.

—Salmo 119.105

Las Oraciones son Joyas Preciosas

Los ojos del Señor están sobre los justos,
y sus oídos atentos a sus oraciones.

1 PEDRO 3.12

Vivimos en un mundo ruidoso. Obtener la atención de alguien no es fácil. Debe estar dispuesto a apartar todo para escuchar: bajar el volumen de la radio, alejarse del monitor, marcar la página y dejar a un lado el libro. El que alguien esté dispuesto a acallar todo lo demás para oírnos con claridad es un privilegio. Un privilegio verdaderamente inusual.

[En el cielo] tratan tus oraciones como joyas preciosas. Purificadas y fortalecidas, tus palabras se elevan como fragancia agradable a nuestro Señor … No se detienen hasta alcanzar el trono de Dios.

Tu oración en la tierra activa el poder de Dios en el cielo, y «la voluntad de Dios se hace en la tierra como en el cielo».

Tus oraciones mueven a Dios a cambiar el mundo. Puede que no entiendas el misterio de la oración. Pero no necesitas entenderlo, aunque esto es suficientemente claro: Las acciones en el cielo comienzan cuando alguien ora en la tierra.

La Gran Casa de Dios

Miremos a Dios

«Señor, si eres tú, manda que
yo vaya a ti sobre las aguas».

MATEO 14.28

Pedro no está probando a Jesús; está rogándole a Jesús. Dar pasos sobre un mar tormentoso no es una acción lógica; es un gesto de desesperación. Pedro se apoya en el borde del barco. Pone fuera una pierna… luego la otra. Da unos cuantos pasos. Es como si una hilera de rocas invisibles se extendiera debajo de sus pies. Al final de la hilera está el rostro iluminado de su siempre compasivo amigo.

Nosotros hacemos lo mismo, ¿verdad? Vamos a Cristo en la hora de profunda necesidad. Abandonamos la barca de las buenas obras. Comprendemos … que la fortaleza humana no nos salva. Buscamos a Dios en nuestra desesperación. Comprendemos … que todas las buenas obras en el mundo son insignificantes cuando se ponen delante del Perfecto.

En el Ojo de la Tormenta

A Veces Dios Dice que No

Perseverad en oración, velando en ella con acción de gracias.

COLOSENSES 4.2

¿Puedes imaginarte lo que sería si un padre hiciera todo lo que le piden cada uno de sus hijos durante un viaje? Iríamos llenando nuestros ya abultados vientres de heladería en heladería.

¿Puedes imaginarte el caos si Dios fuera indulgente con cada una de nuestras peticiones?

«Porque no nos ha puesto Dios para ira, sino para alcanzar salvación por medio de nuestro Señor Jesucristo» (1 Tesalonicenses 5.9).

Fíjate cuál es el propósito de Dios con tu vida: La salvación.

El supremo deseo de Dios es que alcances ese propósito. Su itinerario incluye paradas que servirán de estímulo en tu viaje. Él desaprueba las paradas que te desvían. Cuando su plan soberano y tu plan terrenal chocan, debe tomarse una decisión. ¿Quién lleva la batuta en este viaje?

Si Dios debe escoger entre tu satisfacción terrenal y tu salvación celestial, ¿cuál de las dos esperas que escoja?

Yo también.

En el Ojo de la Tormenta

Pasión y Plan de Dios

Lámpara es a mis pies tu palabra,
y lumbrera a mi camino.

SALMO 119.105

El propósito de la Biblia es sencillamente proclamar el plan de Dios para salvar a sus hijos. Ella afirma que el hombre está perdido y necesita salvación. Y comunica el mensaje que Jesús es Dios encarnado que vino para salvar a sus hijos.

Aunque la Biblia la estuvieron escribiendo por más de dieciséis siglos por lo menos cuarenta autores, tiene un tema central: la salvación mediante la fe en Cristo. Comenzada por Moisés en el desolado desierto de Arabia y culminada por Juan en la solitaria isla de Patmos, sus escritos están unidos por un fuerte lazo: la pasión de Dios y el plan de Dios para salvar a sus hijos.

¡Qué verdad tan vital! Comprender el propósito de la Biblia es como fijar el compás en el rumbo correcto. Calíbralo correctamente y viajarás sin ningún problema. Pero si no, quién sabe adónde irás a parar.

Cómo Estudiar la Biblia

Inocentes

¿Quién acusará a los escogidos de Dios?
Dios es el que justifica.

ROMANOS 8.33

Cada momento de tu vida, tu acusador está presentando cargos contra ti. Ha notado cada error y marcado cada falta. Tratas de olvidar tu pasado; él te lo recordará. Tratas de enmendar tus faltas; él se opondrá.

Este testigo experto no tiene otro objetivo que llevarte al tribunal y acusarte. ¿Quién es él? El diablo…

El diablo te acusa:

—Dios, este a quien llamas hijo no es digno…

Mientras habla, bajas la cabeza. No tienes defensa. Sus acusaciones son válidas.

—Me declaro culpable, señor juez —dices entre dientes.

—¿Cuál es la sentencia? —pregunta Satanás.

—La paga del pecado es muerte —explica el juez—, pero en este caso la muerte ya ocurrió. Esta persona murió con Cristo.

En Manos de la Gracia

Dios Es el Que Manda

Mayor es el que está en vosotros,
que el que está en el mundo.

1 JUAN 4.4

Satanás no tiene poder, salvo el que Dios le otorga.

A la iglesia de Esmirna del primer siglo, Cristo le dijo: «No temas en nada lo que vas a padecer. He aquí, el diablo echará a algunos de vosotros en la cárcel, para que sean probados, y tendrán tribulación por diez días. Sé fiel hasta la muerte y yo te daré la corona de la vida» (Apocalipsis 2.10).

Analiza las palabras de Jesús por un minuto. Cristo informa a la iglesia acerca de la persecución, la duración de la persecución (diez días), la razón de la persecución (para probarte), y el resultado de la persecución (la corona de la vida). En otras palabras, Jesús utiliza a Satanás para fortalecer a su iglesia.

Aún cuando [Satán] parece haber ganado, ha perdido.

La Gran Casa de Dios

La Gracia nos Enseña

Se dio a sí mismo por nosotros
para redimirnos de toda iniquidad y purificar
para sí un pueblo propio, celoso de buenas obras.

¿Aflojamos alguna vez las normas una noche, sabiendo que lo confesaremos mañana?

Es fácil ser como la persona que visitaba Las Vegas y llamó al predicador para preguntarle a qué hora era el culto dominical. El predicador quedó impresionado. «La mayoría de los que vienen a Las Vegas», le dijo, «no lo hacen para ir a la iglesia».

«No, no. No voy para ir la iglesia. Voy a jugar y a parrandear con mujeres de mundo. Pero si logro divertirme la mitad de lo que intento, voy a necesitar una iglesia el domingo por la mañana».

¿Es esa la intención de la gracia? ¿Es el objetivo de Dios promover la desobediencia? Es difícil. «La gracia no nos enseña a vivir contra Dios, ni a hacer las cosas malas que el mundo desea que hagamos. Al contrario, la gracia nos enseña a vivir en forma sabia y correcta, y en una manera que refleje que servimos a Dios» (lee Tito 2.11-12.). La gracia de Dios nos ha librado del egoísmo. ¿Por qué volver atrás?

En Manos de la Gracia

No Ocupes el Cargo de Juez

Con el juicio con que juzgáis, seréis juzgados,
y con la medida con que medís, os será medido.

Condenamos a un hombre por dar trope-
zones hoy, pero no vimos los golpes que recibió ayer.
Juzgamos a una mujer por su cojera, pero no vemos
el clavo en su zapato. Nos burlamos del temor que
hay en sus ojos, pero no tenemos idea de las piedras
que han esquivado ni los dardos que han evadido.

¿Hacen ruido? Quizás temen que los desatien-
dan otra vez. ¿Son tímidos? Quizás temen fracasar de
nuevo. ¿Demasiado lentos? Quizás cayeron la última
vez que anduvieron deprisa. Uno no sabe. Solo
quien siguió sus pasos ayer puede ser su juez.

No solo ignoramos lo que sucedió ayer; sino
también lo que ocurrirá mañana. ¿Nos atrevemos a
juzgar un libro cuyos capítulos están aún por
escribirse? ¿Rendimos un veredicto sobre una pintu-
ra mientras el artista aun tiene el pincel en la mano?
¿Cómo vamos a vetar un alma mientras la obra de
Dios no está completa? «El que comenzó en vosotros
la buena obra, la perfeccionará hasta el día de
Jesucristo» (Filipenses 1.6).

En Manos de la Gracia

Cuando Escuchamos a Dios

Renglón tras renglón, línea sobre línea,
un poquito aquí, otro poquito allá.

ISAÍAS 28.10

Equipados con las herramientas adecuadas, podemos aprender a escuchar a Dios. ¿Cuáles son esas herramientas? Aquí están las que he hallado útiles.

Tiempo y lugar regulares. Escoge un espacio de tu agenda y un rincón de tu mundo, y apártalos para Dios. Para algunos lo mejor es hacer esto por la mañana… Otros prefieren la noche…

Una segunda herramienta que necesitas es *una Biblia abierta.* Dios nos habla a través de su Palabra. El primer paso en la lectura Bíblica es pedirle a Dios ayuda para entenderla. No acudas a las Escrituras en busca de una idea tuya: escudríñala en busca de una idea de Dios.

Hay una tercera herramienta. No solo necesitamos un tiempo regular y una Biblia abierta, sino también *un corazón atento.* Si deseas ser como Jesús, deja que Dios te posea. Dedica tiempo a escucharlo hasta que recibas la lección del día. Entonces aplícala a tu vida.

Como Jesús

La Fe se Encuentra con la Gracia

*Acerquémonos con corazón sincero, en plena certidumbre
de fe, purificados los corazones de mala conciencia.*

HEBREOS 10.22

La fe no nace en una mesa de negociaciones
donde damos nuestros dones a cambio de la bondad
de Dios. La fe no es un premio que se otorga a los
más capacitados. Ni es un premio concedido a los
más disciplinados. Tampoco es un título legado a los
más religiosos.

Fe es lanzarse desesperadamente desde el bote
del esfuerzo humano que naufraga y orar que Dios
esté allí para sacarnos del agua. El apóstol Pablo
escribió acerca de esta clase de fe:

«Por gracia sois salvos por medio de la fe; y esto
no de vosotros, pues es don de Dios; no por obra,
para que nadie se gloríe» (Efesios 2.8-9).

La fuerza suprema en la salvación es la gracia de
Dios.

En el Ojo de la Tormenta

Gracia Pormenorizada

Conoce el Señor a los que son suyos.

2 TIMOTEO 2.19

Imagínate. Te encuentras delante del tribunal de Cristo. Se abre el libro y comienza la lectura: cada pecado, cada engaño, cada ocasión de destrucción y codicia. Pero tan pronto se lee la infracción, se proclama la gracia.

¿El resultado? El veredicto misericordioso de Dios resonará en todo el universo. Por primera vez en la historia entenderemos la profundidad de su bondad. Gracia detallada. Bondad catalogada. Perdón registrado. Estaremos de pie, atónitos al ver que se anuncia pecado tras pecado y que cada uno de ellos recibe perdón.

El diablo se retirará empequeñecido por la derrota. Los ángeles avanzarán llenos de admiración. Y nosotros los santos nos mantendremos erguidos en la gracia de Dios. Al ver cuánto nos ha perdonado, veremos cuánto nos ama. Y lo adoraremos.

El resultado será la primera comunidad genuina de pueblo perdonado. Solo uno es digno del el aplauso del cielo, y ese es el que tiene los pies y las manos horadados.

Cuando Cristo Venga

Una Norma Superior

*Prosigo a la meta, al premio del
supremo llamamiento de Dios en Cristo Jesús.*

FILIPENSES 3.14

La mayor parte de mi vida he sido muy desordenado … Entonces me casé…

Me matriculé en un programa para personas muy desordenadas. Un terapeuta físico me ayudó a redescubrir los músculos que se usan para colgar las camisas… Mi nariz volvió a saber lo que es la fragancia de los limpiadores aromatizantes…

Un día llegó el momento de la verdad. Denalyn viajó fuera de la ciudad. Al principio volví a mi condición de hombre viejo. Me imaginé que sería un desordenado por seis días y limpio en el séptimo. Pero algo extraño ocurrió: sentí un curioso malestar. No podía descansar con platos sucios en el fregadero.

¿Qué me había pasado? Muy sencillo. Me había acostumbrado a una norma superior.

¿No es eso lo que nos pasa? Antes de Cristo vivíamos una vida descontrolada, sucia e indulgente. Ni sabíamos que éramos desordenados antes de conocerlo… De repente sentimos deseos de hacer el bien. ¿Regresar al antiguo desorden? Ni en broma.

En Manos de la Gracia

Una Pregunta muy Personal

Y vosotros, ¿quién decís que soy?

MARCOS 8.29

Jesús se vuelve [a sus discípulos] y les formula la pregunta. La pregunta. «Pero, ¿quién dicen ustedes que soy yo?»

No pregunta «¿Qué piensan ustedes acerca de lo que he hecho?» sino «¿Quién dicen ustedes que soy?»

No pregunta: «¿Qué piensan sus amigos? ... ¿Qué piensan sus padres? ... ¿Qué piensan sus compañeros? La pregunta es rigurosamente personal: ¿Quién piensan ustedes que soy?

A ti te habrán formulado algunas preguntas importantes en la vida:

¿Te casarías conmigo?

¿Estarías interesado en un traslado?

¿Qué pensarías si te dijera que estoy embarazada?

Te han hecho algunas preguntas importantes. Pero la mayor de ellas es como una piedrecita al lado del Everest si la comparas con la que se encuentra en el octavo capítulo de Marcos.

¿Quién dicen ustedes que soy?

La Biblia de Estudio Inspiradora

Las Montañas de Dios

Bástate mi gracia; porque mi poder
se perfecciona en la debilidad.

2 Corintios 12.9

Hay ciertas montañas que solo Dios puede escalar.

No es que no debas intentarlo, sino sencillamente que no puedes.

Si la palabra *Salvador* aparece en tu descripción de trabajo, es porque tú la pusiste allí. Tu función es ayudar al mundo, no salvarlo. El Monte Mesías es una montaña que no fuiste creado para escalar.

Ni lo es el Monte Autosuficiente. No estás capacitado para gobernar al mundo, ni para sostenerlo. Algunos piensan que pueden. Se valen por sí mismo. No doblas tus rodillas, solo te enrollas las mangas y das inicio a otro día de trabajo de doce horas… que puede ser suficiente cuando se trata de ganarse uno la vida o crear una empresa. Pero cuando te enfrentas a tu propia tumba o a tu propia culpa, tu poder no bastará.

La Gran Casa de Dios

La Solución Correcta

El justo por la fe vivirá.

ROMANOS 1.17

En este momento no me siento muy inteligente. Acabo de salir de un avión que no debía haber tomado que me llevó a una ciudad donde no tenía que ir y me dejó en un aeropuerto donde no tenía que estar. Me dirigí al este en lugar del oeste y terminé en Houston en lugar de Denver.

No pareció que me equivocaba de avión, pero sí. Caminé a través del corredor que no era, me adormecí en el vuelo que no debía tomar y terminé en el lugar donde no debía estar.

Pablo dice que todos hemos hecho lo mismo. No con aviones ni aeropuertos, sino con nuestra vida y con Dios. Y se lo dice a los lectores romanos.

No hay justo, ni aún uno (Romanos 3.10).

Todos pecaron, y están destituidos de la gloria de Dios (Romanos 3.23).

Nos equivocamos de avión, dice Pablo. Todos, gentiles y judíos. Cada persona ha hecho un doblaje equivocado. Y necesitamos ayuda… las soluciones erróneas son el placer y el orgullo (Romanos 1 y 2); la correcta es Cristo Jesús (Romanos 3.21-26).

La Biblia de Estudio Inspiradora

Este no es mi Hogar

Yo os elegí del mundo, por eso el mundo os aborrece.

Todos sabemos lo que es estar en una casa que no es la nuestra. Quizá hayas pasado tiempo en un dormitorio o en una barraca del ejército. Tal vez has dormido en varios hoteles o en literas en algunas hosterías. Tienen camas. Y mesas. Puede que tengan comida y sean acogedores, pero están lejos de ser como «la casa de tu padre».

La casa de tu padre es aquella donde está tu padre.

No siempre nos sentimos acogidos aquí en la tierra. Nos preguntamos si habrá un lugar para nosotros. La gente puede hacernos sentir indeseados. La tragedia nos deja sintiéndonos como intrusos. Extraños. Intrusos en una tierra que no es la nuestra. No siempre nos sentimos bien recibidos aquí.

Y es lógico. Este no es nuestro hogar. No sentirse acogido no es una tragedia. Sin duda, es saludable. Aquí no estamos en nuestro hogar. Este idioma que hablamos no es el nuestro. Este cuerpo que usamos tampoco es nuestro. Y el mundo en que vivimos no es nuestro hogar.

El Trueno Apacible

No hay Momentos Que no sean Sagrados

Somos colaboradores de Dios.

1 CORINTIOS 3.9

Ciertamente es maravilloso el día cuando dejamos de trabajar para Dios y comenzamos a trabajar con Dios.

Por años vi a Dios como un compasivo director de empresa y yo en la función de un leal representante de ventas. Él tenía su oficina y yo mi territorio. Podía contactarlo cuantas veces quisiera. Siempre estaba disponible mediante una llamada o un facsímil. Él me estimulaba, me apoyaba, me respaldaba, pero no iba conmigo. Al menos, eso pensaba. Entonces leí 2 Corintios 6.1 : «Somos colaboradores de Dios».

¿Colaboradores? ¿Compañeros de trabajo? ¿Dios y yo trabajamos juntos? Imagínate el cambio paradigmático que esta verdad encierra. En lugar de reportarnos a Dios, trabajamos con Dios. En lugar de reportarnos y seguir solos, nos reportamos y seguimos con Él. Siempre estamos en presencia de Dios ... No existe un momento que no sea sagrado.

Como Jesús

Encontrado, Llamado y Adoptado

Los sanos no tienen necesidad de médico,
sino los enfermos … No he venido a llamar a justos, sino
a pecadores.

MATEO 9.11-13

Dios no miró nuestras desgastadas vidas y dijo: «Moriré por ustedes cuando se lo merezcan».

No, pese a nuestro pecado, en medio de nuestra rebelión, decidió adoptarnos. Y en lo que a Dios respecta, ya no hay regreso. La gracia es la promesa de un Rey único que te dice ven como estés. El te encontró, te llamó y te adoptó; de modo que confía en tu Padre y aprópiate de este versículo: «Dios muestra su amor para con nosotros, en que siendo aún pecadores, Cristo murió por nosotros» (Romanos 5.8). Y nunca más tendrás que preguntarte quién es tu padre. Dios te ha adoptado y por consiguiente eres «heredero de Dios por medio de Cristo» (Gálatas 4.7).

En Manos de la Gracia

Al Alcance de tus Oraciones

Si Dios es por nosotros,
¿quién contra nosotros?

ROMANOS 8.31

La pregunta no es sencillamente: «¿Quién contra nosotros?» Tú puedes contestar esa. ¿Quién está contra ti? Enfermedades, inflación, corrupción, agotamiento. Las calamidades acosan y los temores aprisionan. Si la pregunta de Pablo hubiera sido «¿Quién contra nosotros?», podríamos enumerar a nuestros enemigos mucho más fácilmente que combatirlos. Pero esa no es la pregunta. La pregunta es: SI DIOS ESTÁ CON NOSOTROS, *¿quién contra nosotros?*

Dios está a tu favor. Tus padres bien pudieron haberte olvidado, tus maestros pueden no haberte prestado atención, tus hermanos pueden estar avergonzados de ti; pero dentro del alcance de tus oraciones está el creador de los océanos. ¡Dios!

En Manos de la Gracia

Dios Está Enojado con el Mal

Haced morir, pues, lo terrenal en vosotros …
cosas por las cuales viene la ira de Dios.

COLOSENSES 3.5-6

Muchos no comprenden el enojo de Dios porque confunden la ira de Dios con la ira de los hombres. Las dos tienen poco en común. El enojo humano es típicamente egoísta y propenso a explosiones de temperamento y acciones violentas. Nos enojamos porque no nos hacen caso, no nos atienden o nos engañan. Esto es enojo humano. Pero no es enojo de Dios.

Dios no se enoja porque las cosas no van como quería. Se enoja porque la desobediencia siempre trae como resultado la autodestrucción. ¿Qué clase de padre se sienta tranquilamente y observa que su hijo se hiera a propósito?

En Manos de la Gracia

Dios te Conoce por Nombre

En las palmas de las manos te tengo esculpida.

ISAÍAS 49.16

Qué pensamiento, ¿no? Tu nombre en la mano de Dios. Tu nombre en los labios de Dios. Quizás has visto tu nombre en algunos sitios especiales. En un premio o en un diploma. Pero pensar que tu nombre está en la mano de Dios y en los labios de Dios... Dios mío, ¿será posible?

Posiblemente nunca has visto que honren tu nombre. Y no puedes recordar si alguna vez escuchaste que lo mencionaran con delicadeza. Si es así, puede ser que te resulte más difícil creer que Dios conoce tu nombre.

Pero sí lo conoce. Lo tiene escrito en su mano. Lo pronuncia su boca. Lo susurran sus labios. Tu nombre.

Cuando Dios Susurra tu Nombre

El Breve Viaje de la Vida

Nuestros días sobre la tierra [son]
cual sombra que no dura.

1 CRÓNICAS 29.15

Aquel que «vive para siempre» se ha puesto a la cabeza de una banda de peregrinos que murmuran: «¿Hasta cuando, oh Jehová?» (Salmo 89.46).

«¿Cuánto tiempo tendré que soportar esta enfermedad?»

«¿Cuánto tiempo tendré que soportar a mi cónyuge?»

«¿Cuánto tiempo tendré que soportar este salario?»

¿De verdad quieres que Dios te responda? Él podría, como ya sabes. Podría responder en términos del aquí y ahora con incrementos de tiempo que conocemos. «Dos años más con la enfermedad». «El resto de tu vida en el matrimonio». «Diez años más para las cuentas».

Pero muy rara vez hace eso. Usualmente opta por medir el aquí y el ahora contra el allí y entonces. Y cuando comparas esta vida con aquella vida, esta vida no es larga.

En el Ojo de la Tormenta

Mantén la Unidad

Y el Señor encamine vuestros corazones
al amor de Dios, y a la paciencia de Cristo.

2 TESALONICENSES 3.5

«De este modo sabrán que son mis discípulos, si se aman unos a otros» (Juan 13.35). Detente y medita en este versículo. ¿Podría ser que la *unidad* sea la llave para ganar el mundo para Cristo?

Si la unidad es la clave de la evangelización, ¿no deberíamos darle precedencia al orar? ¿Deberíamos «ser solícitos en guardar la unidad del espíritu en el vínculo de la paz» (Efesios 4.3)? Si esto es importante para Dios, ¿no debería serlo para nosotros? Si es una prioridad en el cielo, ¿no debería serlo en la tierra?

En ningún lugar se nos dice que *construyamos* la unidad. Se nos dice sencillamente que *guardemos* la unidad. Desde la perspectiva de Dios, solo hay «un rebaño y un pastor» (Juan 10.16). La unidad no necesita crearse: solo necesita protegerse.

¿Cómo lo hacemos? … ¿Querrá decir que debemos ser flexibles en nuestras convicciones? No. ¿Querrá esto decir que debemos abandonar las verdades que atesoramos? No. Pero sí quiere decir que debemos pensar bien las actitudes que asumimos.

En Manos de la Gracia

Tristeza por Haber Pecado

Si confesamos nuestros pecados
él es fiel y justo para perdonar nuestros
pecados y limpiarnos de toda maldad.

1 JUAN 1.9

«Si confesamos nuestros pecados». La palabra más grande en las Escrituras bien podría ser esa de dos letras: Si. La confesión de pecados (reconocer las fallas) es justamente lo que los prisioneros del orgullo no quieren hacer.

«¿Yo, pecador? Pues sí, claro. De vez en cuando armo un alboroto, pero por lo general soy un chico bastante bueno».

«Mire, soy tan bueno como cualquier otra persona. Yo pago mis impuestos…»

Justificación. Racionalización. Comparación.

Suenan bien. Suenan conocidas. Incluso suenan estadounidenses. Pero en el reino suenan huecas…

Cuando llegas al punto de sentir pena por tus pecados, cuando reconoces no tener otra alternativa… deposita todas tus cargas en Él, pues Él está esperando.

El Aplauso del Cielo

Valor en la Gracia

Por eso fui recibido a misericordia, para que Jesucristo
mostrase en mí el primero toda su clemencia.

1 TIMOTEO 1.16

Durante los primeros días de la guerra civil estadounidense, arrestaron a un soldado de la Unión bajo la acusación de deserción. Al no poder probar su inocencia, lo declararon culpable y lo sentenciaron a morir como desertor. Su apelación pudo llegar hasta el escritorio de Abraham Lincoln. El presidente tuvo compasión del soldado y firmó un indulto. El soldado regresó al servicio, peleó toda la guerra y murió en la batalla final. En el bolsillo cercano a su pecho hallaron la carta firmada por el presiente.

Cerca del corazón del soldado estaban las palabras de absolución de su líder. Encontró valor en la gracia. Me pregunto cuantos miles más han encontrado valor en la glorificada cruz de su rey celestial.

En Manos de la Gracia

Dios Aún Viene

Cercano está Jehová a los quebrantados de corazón;
y salva a los contritos de espíritu.

SALMO 34.18

«Las cosas que se escribieron antes, para nuestra enseñanza se escribieron», dijo Pablo, «a fin de que por la paciencia y la consolación de las Escrituras, tengamos esperanza» (Romanos 15.4).

Estas no son solo historias para la Escuela Dominical. No son fábulas románticas. Son momentos históricos en los cuales un Dios real se encontró con verdadero dolor de modo que pudiésemos responder a la pregunta: «¿Dónde está Dios cuando sufro?»

¿Cómo reacciona Dios ante las esperanzas rotas? Lee la historia de Jairo. ¿Cómo se siente el Padre con respecto a los enfermos? Párate con Él junto al estanque de Betesda. ¿Anhelas que Dios hable a tu corazón solitario? Entonces escucha cuando habla a los discípulos camino a Emaús…

No lo hace por ellos solamente. Lo está haciendo por mí. Lo está haciendo por ti.

El Dios que habló, todavía habla. El Dios que vino aún viene. Viene a nuestro mundo. Viene a tu mundo. Viene a hacer lo que tú no puedes.

Todavía Remueve Piedras

Intimidad con el Todopoderoso

*Como el ciervo brama por las corrientes de las aguas,
así clama por ti, oh Dios, el alma mía.*

SALMO 42.1

Jesús no actuaba a menos que viera a su Padre actuar. No juzgaba hasta escuchar a su Padre juzgar. Ninguna acción u obra tomó lugar sin la dirección del Padre.

Como Jesús podía escuchar lo que otros no podían, actuaba en forma diferente a la de ellos. ¿Recuerdas cuando todos estaban perturbados a causa del hombre que había nacido ciego? Jesús no lo estaba. De alguna manera sabía que la ceguera revelaría el poder de Dios (Juan 9.3). ¿Recuerdas cuando todos estaban angustiados por causa de la enfermedad de Lázaro? Jesús no lo estaba. Era como si Jesús pudiera escuchar lo que nadie más podía. Jesús tenía una comunión permanente con su padre.

¿Supones que el Padre desea lo mismo para nosotros? ¡Definitivamente! Dios desea tener la misma intimidad constante contigo que tenía con su hijo.

Como Jesús

Una Labor en Progreso

El cual también os confirmará hasta el fin,
para que seáis irreprensibles en el día
de Nuestro Señor Jesucristo.

1 Corintios 1.8

Dios aún no ha terminado contigo. Ah, quizás piensas que ya ha terminado. Podrías pensar que has llegado a la cima. Podrías pensar que Él ha tomado a otro para hacer lo mismo.

Si es así, mira esto.

«[Estoy] persuadido de esto, que el que comenzó en vosotros la buena obra, la perfeccionará hasta el día de Jesucristo» (Filipenses 1.6).

¿Has visto lo que está haciendo Dios? *Una buena obra en ti.*

¿Has visto cuándo la terminará? *Cuando Jesús venga otra vez.*

¿Me permites que te explique el mensaje? *Dios no ha terminado contigo aún.*

Cuando Dios Susurra tu Nombre

El Amor Aborrece el Mal

Y muchos de los que duermen en el polvo de la
tierra serán despertados, unos para vida eterna,
y otros para vergüenza y confusión perpetuas.

DANIEL 12.2

¿Tiene un propósito el infierno? ... Sácalo de
la Biblia y, al mismo tiempo, saca también toda
noción de un Dios justo y una Escritura digna de confianza.

Si no existe el infierno, Dios no es justo. Si no
hay castigo para el pecado, el cielo es indiferente ante
los violadores, saqueadores y los asesinos en masa de
la sociedad. Si no existe infierno, Dios está ciego a las
víctimas y ha vuelto la espalda a quienes oran pidi-
endo socorro. Si no existe la ira frente al mal, Dios
no es amor, pues el amor aborrece el mal.

Decir que no existe el infierno es como decir
que Dios es un mentiroso y que la Escritura es falsa.
La Biblia repetidamente y con firmeza afirma el final
dualístico de la historia. Algunos serán salvos.
Algunos se perderán.

Cuando Cristo Venga

Más Allá de Nuestras Faltas

> *Y tuvo compasión de ellos, y sanó*
> *a los que estaban enfermos.*
>
> MATEO 14.14

Mateo dice que Jesús «sanó a los que de ellos estaban enfermos». No *algunos* de los enfermos. No a los justos de entre los enfermos. No a los *merecedores* de entre los enfermos. Sino «*a los enfermos*».

Seguramente, entre los muchos miles, había unos cuantos que no merecían gozar de buena salud. La misma divinidad que otorgó a Jesús el poder de curar, también le dio el poder de percibir. Me pregunto si Jesús estuvo tentado a decirle al intolerante: «Vete de aquí y llévate tu arrogancia contigo».

Y Él podía ver no su pasado solamente, sino también su futuro.

Indudablemente, había personas en la multitud que usarían su salud recuperada para herir a otros. Jesús desató lenguas que algún día podían maldecir. Restauró la vista a ojos que luego codiciarían. Sanó manos que matarían.

Cada vez que Jesús sanó, tuvo que pasar por alto el futuro y el pasado.

Algo, dicho sea de paso, que aún hace.

En el Ojo de la Tormenta

Música Sublime

Te alabaré; porque formidables,
maravillosas son tus obras.

SALMO 139.14

Antonio Stradivari fue un fabricante de violines del siglo diecisiete, cuyo nombre, en su forma latina, *Stradivarius*, se ha convertido en sinónimo de excelencia. Dijo una vez que hacer un violín que no alcanzara su más alto nivel sería perjudicar a Dios, quien no podría hacer los violines de Antonio Stradivari sin Antonio.

Tenía razón. Dios no podría hacer violines stradivarius sin Antonio Stradivari. Este artesano recibió ciertos dones que ningún otro fabricante de violines tenía.

Del mismo modo, hay ciertas cosas que puedes hacer que ningún otro puede hacer. Quizás sea la crianza de tus hijos, o la construcción de casas, o dar aliento al desanimado. Hay cosas que *solo* tú puedes hacer, y para hacerlas es que vives. En la gran orquesta que denominamos vida, tú tienes un instrumento y una canción, y tienes el deber ante Dios de ejecutar ambos de manera sublime.

El Aplauso del Cielo

Junio

Las cosas que se ven
son temporales, pero las que
no se ven son eternas.

—2 Corintios 4.18

La Palabra Favorita de Dios

Y Jesús le dijo: Venid en pos de mí.

MATEO 4.19

Dios es un Dios que invita. Invitó a María a concebir a su Hijo, a los discípulos a ser pescadores de hombres, a la mujer adúltera a comenzar de nuevo y a Tomás a tocar sus heridas. Dios es el Rey que prepara el palacio, pone la mesa e invita a sus súbditos a acercarse.

Su palabra favorita parece ser *venid.*

«*Venid,* hablemos de estas cosas. Si tus pecados fuesen como escarlata, pueden ser tan blancos como la nieve».

«A todos los sedientos, *venid* y tomad.»

«*Venid* a mí todos los que estéis trabajados y cargados, que yo os haré descansar.»

Dios es un Dios que invita. Dios es un Dios que llama.

Y los Ángeles Guardaron Silencio

Las Ramas y la Vid

*Permaneced en mí, y yo
en vosotros. El pámpano no puede llevar
fruto por sí mismo, si no permanece en la vid.*

JUAN 15.4

Dios quiere estar tan cerca de nosotros como lo está la rama de la vid. Una es extensión de la otra. Es imposible saber dónde comienza una y dónde termina la otra. La rama no está conectada solamente en el momento de llevar fruto. El jardinero no guarda las ramas en una caja y entonces, el día que quiere uvas, pega las ramas en la vid.

No, la rama consonantemente se nutre de la vid.

Dios también utiliza el templo para simbolizar la intimidad que desea. «¿O ignoráis», escribe Pablo, «que vuestro cuerpo es templo del Espíritu Santo, el cual está en vosotros, el cual tenéis de Dios» (1 Corintios 6.19). Medita conmigo sobre el templo por un momento … Dios no vino y se fue, ni apareció y desapareció. Él es una presencia permanente, siempre asequible.

Como Jesús

Un Héroe Oculto

He aprendido a contentarme,
cualquiera que sea mi situación.

FILIPENSES 4.11

Asómate a la prisión y míralo tú mismo encorvado y frágil, encadenado al brazo de un guardia romano. He aquí el apóstol de Dios...

Sin un centavo. Sin familia. Sin bienes. Corto de vista y desgastado...

[Pablo] no parece un héroe.

Tampoco habla como si lo fuera. Se declara el peor pecador de la historia. Era un asesino de cristianos antes de ser un líder de cristianos. En ocasiones su corazón estaba tan apesadumbrado que arrastraba la pluma sobre la página. «¡Miserable de mí! ¿Quién me librará de este cuerpo de muerte?» (Romanos 7.24).

Solo el cielo sabe cuánto tiempo estuvo haciéndose esta pregunta antes de hallar el valor para desafiar a la lógica y escribir: «Gracias doy a Dios por [salvarme por medio de] Jesucristo nuestro Señor» (Romanos 7.25).

Cuando Dios Susurra tu Nombre

El Poder Puede ser Doloroso

Porque la sabiduría de este mundo
es insensatez para con Dios.

1 CORINTIOS 3.19

El poder se manifiesta de muchas maneras.

Es el esposo que rehúsa ser amable con su esposa…

Es el empleado que pone su ambición personal por encima de la integridad personal…

Es la esposa que se niega a la relación sexual con la doble finalidad de castigar y persuadir…

Podría tratarse de acabar con la vida de alguien, o quitarle el lugar a otro…

Pero todos se deletrean de la misma manera: P-O-D-E-R.

Y todos tienen el mismo objetivo: «Obtendré lo que deseo a costa tuya».

Y todos acaban en lo mismo: futilidad … El poder absoluto es inalcanzable … Cuando llegas a la cima, si es que hay una cima, la única dirección que puedes tomar es hacia abajo. Y el descenso suele ser doloroso…

El Aplauso del Cielo

La Mano Poderosa de Dios

En él fueron creadas todas las cosas, las que hay en los
cielos y las que hay en la tierra, visibles e invisibles.

COLOSENSES 1.16

La historia comenzó con una decisión. La existencia se hizo mensurable.

De la nada se hizo la luz.

De la luz se hizo el día.

Luego se hicieron el cielo… y la tierra.

¿Y sobre esta tierra? Una mano poderosa empezó a trabajar.

Se esculpieron los cañones. Se cavaron los océanos. Brotaron las montañas de las llanuras. Se salpicó de estrellas el firmamento. Un universo relumbró.

Mira los grandes cañones para que veas el esplendor del Creador. Toca las flores para que veas su delicadeza. Escucha el trueno para que oigas su poder…

Hoy te encontrarás con la creación de Dios. Cuando veas la belleza a tu alrededor, permite que cada detalle te haga levantar la cabeza en alabanza. Expresa tu aprecio por la creación de Dios. Estimula a otros a ver la belleza de su creación.

En el Ojo de la Tormenta

El más Anciano y el más Selecto

Hasta las canas os soportaré yo;
yo hice, yo llevaré, yo soportaré y guardaré.

ISAÍAS 46.4

El envejecimiento puede ser peligroso. La senda puede ser traicionera y los escollos son muchos. Es de sabios estar preparado. Sabes que viene. No es como si Dios hubiera mantenido el proceso en secreto. No es como si estuvieras abriendo camino a medida que envejeces. No es como si ninguno lo hubiese hecho antes de ti. Observa a tu alrededor. Tienes amplia oportunidad para prepararte y muchos casos que considerar. Si el envejecimiento te agarra de sorpresa, no culpes a Dios. Él te dio advertencias de sobra y, además, te aconsejó bastante.

Tus capítulos finales pueden ser los mejores. Tu última canción puede ser la más grandiosa. Podría ser que toda tu vida te haya preparado para una salida triunfal. Los más ancianos de Dios siempre han estado entre sus más selectos.

Todavía Remueve Piedras

Dios Te Llevará al Hogar

Las cosas que se ven son temporales,
pero las que no se ven son eternas.

2 CORINTIOS 4.18

Para algunos la jornada ha sido larga. Muy larga y tormentosa. De ningún modo deseo minimizar las dificultades por la que has tenido que atravesar en tu trayecto. Algunos han llevado cargas que pocos podríamos alguna vez llevar. Les han dicho el último adiós a compañeros de toda una vida. Los han despojado de los sueños de toda una vida. Han sido provistos de cuerpos que no pueden sostener su espíritu. Tienen cónyuges que no toleran su fe. Tienen cuentas que sobrepasan la capacidad de pago y retos que están más allá de sus fuerzas.

Están agotados.

Se les hace muy difícil divisar la Ciudad en medio de las tormentas. Les tienta el deseo de detenerse a la vera del camino y salir. Desean continuar, pero hay días en que el camino parece interminable…

Permítanme alentarlos… Dios nunca dijo que el camino sería fácil, pero sí que la llegada valdría la pena.

En el Ojo de la Tormenta

Apartados

*Cualquiera, pues, que quiera ser amigo del mundo,
se constituye enemigo de Dios.*

SANTIAGO 4.4

A Juan el Bautista nunca lo contratarían hoy día. Ninguna iglesia querría tener nada que ver con él. Fue un desastre en cuanto a las relaciones públicas. Usaba «ropa hecha de pelo de camello, se ceñía un cinto de cuero alrededor de la cintura, y comía langostas y miel silvestre» (Marcos 1.6). ¿Quién querría ver a semejante tipo cada domingo?

Su mensaje era tan rudo como su vestuario: Sin rodeos y directo al grano retaba al arrepentimiento porque Dios estaba en camino.

Juan el Bautista se apartó para cumplir su tarea: ser una voz de Cristo. Todo en Juan se centraba en este propósito. Su ropa. Su dieta. Sus acciones. Sus exigencias.

No tienes que ser como el mundo para impactar en el mundo. No tienes que ser como las multitudes para cambiar las multitudes. No tienes que rebajarte a sus niveles para que ellos se eleven al tuyo. La santidad no busca ser excéntrica. La santidad busca ser como Dios.

El Trueno Apacible

Dios Respeta Nuestra Decisión

*Todos nosotros nos descarriamos como ovejas,
cada cual se apartó por su camino.*

ISAÍAS 53.6

¿Cómo podría un Dios amoroso enviar a las personas al infierno? Esta es una pregunta que oímos con frecuencia. La pregunta en sí revela un par de falsas interpretaciones.

Primero, Dios no *envía* personas al infierno. Él respeta sus decisiones. El infierno es la expresión máxima del alto concepto de Dios por la dignidad del hombre. Dios nunca nos ha obligado a escogerlo a Él, ni siquiera cuando escogemos el infierno.

No, Dios no «envía» personas al infierno. Ni envía *personas* al infierno. Ese es el segundo error.

La palabra «personas» es neutral, e implica inocencia. En ningún lugar la Biblia enseña que los inocentes son condenados. Las «personas» no van al infierno. Los pecadores sí. Los rebeldes sí. Los egocéntricos sí. Entonces, ¿cómo un Dios amoroso va a enviar personas al infierno? No lo hace. Simplemente respeta la decisión de los pecadores.

Cuando Cristo Venga

Recortes

*Y orando, no uséis vanas repeticiones,
como los gentiles, que piensan que
por su palabrería serán oídos..*

Me encantan las frases breves… Lo que sigue son recortes de algunos de mis libros y de otro par de libros. Conserva los que te gusten. Perdona los que no. Pásalos a otros cuando puedas.

Ora siempre. De ser necesario, usa palabras.

Dios olvida el pasado. Imítalo.

Con frecuencia me he lamentado de la avaricia. De la generosidad, nunca.

No pidas a Dios que haga lo que tú quieras. Pídele que haga lo que es correcto.

Nadie es inútil para Dios. Nadie.

No fueron los clavos los que mantuvieron a Dios en una cruz. Fue su amor.

Nunca perdonarás a nadie más de lo que Dios ya te ha perdonado.

Cuando Dios Susurra tu Nombre

¿Quién Está en Control?

Echando toda vuestra ansiedad sobre él,
porque él tiene cuidado de vosotros.

1 PEDRO 5.7

La preocupación … hace que uno se olvide de quién manda.

Y cuando el enfoque es en ti mismo… te preocupas. Te pones ansioso por muchas cosas. Te preocupas porque:

Tus compañeros de trabajo no te aprecian.

Tus líderes te dan mucho trabajo.

Tu superintendente no te comprende.

Tu congregación no te apoya.

Con el paso del tiempo tu agenda se vuelve más importante que la de Dios. Estás más preocupado en presentarte a ti mismo que en agradarlo a Él. Y puede que cuando vengas a ver estés dudando del discernimiento de Dios.

Dios te ha bendecido con talentos. Ha hecho lo mismo con tu prójimo. Si te preocupas por los talentos de tu prójimo, descuidarás los tuyos. Pero si te preocupas por los tuyos, podrías ser de inspiración a ambos.

Todavía Remueve Piedras

Al Caminar con Dios

Renovaos en el espíritu de vuestra mente,
y vestios del nuevo hombre, creado según Dios
en la justicia y santidad de la verdad.

EFESIOS 4.23-24

Los matrimonios saludables tienen un sentido de «permanencia». El esposo permanece en la esposa, y ella permanece en él. Hay ternura, sinceridad y comunicación continua. Lo mismo es cierto en nuestra relación con Dios. A veces vamos a Él con nuestras alegrías, y algunas veces vamos con nuestras angustias, pero siempre vamos a Él. Y cuando vamos, mientras más vayamos, más nos parecemos a Él. Pablo dice que nos están cambiando «de gloria en gloria» (2 Corintios 3.18).

Los que viven juntos por mucho tiempo poco a poco empiezan a parecerse, a hablar igual, y hasta a pensar igual. Mientras caminamos con Dios nos apoderamos de sus pensamientos, sus principios, sus actitudes. Nos apoderamos de su corazón.

Como Jesús

Una Promesa de Redención

*Y yo Juan vi la santa ciudad, la nueva Jerusalén,
descender del cielo, de Dios,
dispuesta como una esposa
ataviada para su marido.*

La Ciudad Santa, dice Juan, es como «una esposa bellamente ataviada para su marido».

¿Qué cosa es más bella que una novia?

Tal vez sea el aura de blancura que se adhiere a ella como el rocío a una rosa. O quizás sean los diamantes que resplandecen en sus ojos. O tal vez sea el rubor de amor que pinta sus mejillas o el ramillete de promesas que lleva.

Una novia. Un compromiso revestido de elegancia. «Estaré con ustedes para siempre». Es un mañana que trae esperanzas hoy. Promesa de pureza que fielmente se entrega.

Cuando lees que nuestro hogar celestial es como una novia, dime, ¿no sientes deseos de llegar a tu casa?

El Aplauso del Cielo

La Cura Para el Desánimo

*Yo soy Jehová, Dios
de toda carne; ¿habrá algo
que sea difícil para mí?*

JEREMÍAS 32.27

Necesitamos escuchar que Dios aún tiene las riendas. Necesitamos escuchar que no se acabará hasta que así lo disponga. Necesitamos oír que los percances y las tragedias no son motivo suficiente para darnos por vencidos. Son sencillamente motivos para mantenernos firmes.

Corrie ten Boom solía decir: «Cuando el tren atraviesa un túnel y el mundo se oscurece, ¿te tiras del tren? Por supuesto que no. Te sientas tranquilo y confías en que el conductor te saque de allí».

¿Cómo lidiar con el desánimo? ¿La cura para la desilusión? Regresa la historia. Léela una y otra vez. Recuerda que no eres la primera persona que ha llorado. Y que no eres la primera persona en recibir ayuda.

Lee la historia y recuerda, ¡es tu historia!

Todavía Remueve Piedras

La Gran Decisión

Y si mal os parece servir
a Jehová, escogeos hoy
a quién sirváis.

JOSUÉ 24.15

La invitación de Dios es clara e innegociable. Él lo da todo y nosotros le damos todo. Simple y absoluto. Es claro en lo que pide y claro en lo que ofrece. La decisión es nuestra. ¿No te parece increíble que Dios nos deje la decisión a nosotros? Piensa en esto. Hay muchas cosas en la vida que no podemos escoger. No podemos, por ejemplo, escoger el estado del tiempo ni controlar la economía.

No podemos escoger si vamos a nacer con una nariz grande, ojos azules o mucho cabello. Como tampoco podemos escoger cómo la gente nos tratará.

Pero sí podemos escoger dónde vamos a pasar la eternidad. La gran decisión Dios la deja a nosotros. La decisión crítica es nuestra.

Esta es la única decisión que realmente cuenta.

Y los Ángeles Guardaron Silencio

Se Necesita: Un Gran Salvador

*Todos pecaron, y están destituidos de la gloria de Dios,
siendo justificados gratuitamente por su gracia.*

ROMANOS 3.23-24

La fuerza suprema en la salvación es la gracia de Dios. No nuestras obras. No nuestros talentos. No nuestros sentimientos ni nuestras fuerzas.

La salvación es la presencia repentina y tranquilizante de Dios durante los mares tormentosos de la vida. Escuchamos su voz; damos el paso.

Como Pablo, estamos conscientes de dos cosas: Somos grandes pecadores y necesitamos un gran salvador.

Como Pedro, estamos conscientes de dos cosas: Nos estamos hundiendo y Dios está de pie. Por eso, abandonamos el *Titánic* de la autojustificación y nos paramos en el sólido camino de la gracia de Dios.

Y para sorpresa nuestra, podemos caminar sobre las aguas. La muerte queda desarmada. Los fracasos son perdonables. La vida tiene un verdadero propósito. Y Dios no solo está a la vista, sino que está a nuestro alcance.

En el Ojo de la Tormenta

Como Enfrentar el Pasado

*Deja la ira, y desecha el enojo;
no te excites en manera alguna a hacer lo malo.*

Ira. Es fácil de definir: el ruido del alma. *Ira.* El irritante invisible del corazón. *Ira.* El despiadado invasor del silencio...

Cuanto más fuerte se vuelve, más nos desesperamos...

Algunos estarán pensando: *No tienes idea siquiera de lo difícil que ha sido mi vida.* Y tienes razón, no la tengo. Pero tengo una idea muy clara de lo desdichado que será tu futuro a menos que resuelvas el problema de tu ira.

Toma una radiografía del mundo del vengativo y contemplarás un tumor de amargura: negro, amenazante, maligno. Carcinoma del espíritu. Sus fibras fatales se trepan alrededor del corazón y lo destruyen. El ayer no lo puedes alterar, pero tu reacción ante el ayer sí. El pasado no lo puedes cambiar, pero tu reacción a tu pasado sí.

Cuando Dios Susurra tu Nombre

¿Quién Es Mi Hermano?

> *«Señor, ¿cuántas veces perdonaré*
> *a mi hermano que peque contra mí».*
> *Jesús le dijo: «...setenta veces siete».*
>
> MATEO 18.21-22

Me parece que Dios ofrece mucha más gracia de la que podemos imaginar.

Nosotros podríamos hacer lo mismo.

No estoy suavizando la verdad ni acomodando el evangelio. Pero si una persona de corazón puro llama *Padre* a Dios, ¿no puedo llamar *hermano* a esa misma persona? Si Dios no establece la perfección doctrinal como requisito para la membresía familiar, ¿debo hacerlo yo?

Y si nunca nos podemos de acuerdo, ¿no sería posible que acordemos estar en desacuerdo? Si Dios tolera mis errores, ¿no podría yo tolerar los errores de otros? Si Dios me permite que a pesar de mis flaquezas y fallas lo llame *Padre*, ¿no debo conceder la misma gracia a otros?

Cuando Dios Susurra tu Nombre

Cuando se Vive en la Presencia de Dios

Orando en todo tiempo con toda oración y súplica en el Espíritu, y velando en ello con toda perseverancia y súplica por todos los santos.

EFESIOS 6.18

¿Cómo puedo vivir en la presencia de Dios? ¿Cómo puedo detectar su mano invisible sobre mi hombro y su voz inaudible en mi oído? … ¿Cómo podemos tú y yo familiarizarnos con la voz de Dios? He aquí algunas ideas:

Entrégale a Dios tus pensamientos al despertar. Antes que enfrentes el día, preséntate ante el Padre. Antes que salgas de la cama, busca su presencia.

Entrégale a Dios los pensamientos que tienes mientras esperas. Pasa tiempo con Él en silencio.

Entrégale a Dios tus pensamientos susurrantes … Imagínate lo que sería considerar cada momento como tiempo potencial de comunión con Dios.

Entrégale a Dios tus últimos pensamientos del día. Al término del día, deja descansar tu mente en Él. Concluye el día como lo comenzaste: conversando con Dios.

Como Jesús

Una Perspectiva Celestial

Pedid y se os dará: buscad y hallaréis;
llamad y se os abrirá.

Vuelve e infórmale a Juan lo que oyes y ves: «Los ciegos reciben la vista, los cojos andan … y a los pobres es anunciado el evangelio».

Esta fue la respuesta de Jesús a la agonizante pregunta de Juan desde el calabozo de la duda: «¿Eres tú el que había de venir o esperaremos a otro?»

No sabemos cómo recibió Juan el mensaje de Jesús, pero podemos imaginarlo. Me agrada imaginar que apareció en sus labios una leve sonrisa al escuchar lo que su Maestro dijo. Porque ya comprendía. No era que Jesús permaneciera en silencio; era que Juan había estado esperando la respuesta que no debía esperar. Juan había estado tratando de escuchar una respuesta a sus problemas terrenales, mientras que Jesús estaba ocupado resolviendo sus problemas celestiales.

Eso es algo que vale la pena recordar la próxima vez que escuches el silencio de Dios.

El Aplauso del Cielo

Dios Llama tu Nombre

Así ha dicho Jehová el Señor: He aquí, yo mismo iré a buscar mis ovejas, y las reconoceré.

EZEQUIEL 34.11

Él te espera. Dios está parado en el pórtico del cielo, esperanzado y expectante, buscando en el horizonte una vislumbre de su hijo. Tú eres la persona que Dios busca.

Dios es un Padre que espera, el Pastor atento en busca de su oveja. Sus piernas están rasguñadas, sus pies adoloridos y sus ojos irritados. Sube riscos y atraviesa los campos. Explora las cuevas. Ahueca las manos sobre su boca y llama por los desfiladeros.

Y el nombre que llama es el tuyo…

El mensaje es simple: Dios entregó a su Hijo a fin de rescatar a todos sus hijos e hijas. Para llevarse a casa a sus hijos. Él está esperando escuchar tu respuesta.

Y los Ángeles Guardaron Silencio

Por Favor, un Poco de Luz

Jesús fue a ellos andando sobre el mar ...
Y dieron voces de miedo.

MATEO 14.25-26

Cuando se aproxima una tormenta y miro hacia el cielo ennegrecido, a veces digo: «¡Por favor, Dios, un poco de luz!»

La luz llegó hasta los discípulos. Una figura se acercó a ellos caminando sobre las aguas. No era lo que esperaban. Quizás esperaban que unos ángeles descendieran o que los cielos se abrieran. ... No sabemos lo que buscaban. Pero una cosa es muy cierta: no esperaban que Jesús llegara caminando sobre las aguas.

Y como Jesús llegó en la forma que no esperaban, por poco no ven la respuesta a sus oraciones.

Y a menos que miremos y escuchemos atentamente, estaremos expuestos a cometer el mismo error. Las luces de Dios en nuestras noches oscuras son tan numerosas como las estrellas, si nos detenemos a buscarlas.

En el Ojo de la Tormenta

Tratados de Amor

Mirad que ninguno pague a otro mal por mal;
antes seguid siempre lo bueno unos
para con otros, y para con todos.

1 TESALONICENSES 5.15

Jesús describió a sus seguidores lo que había venido a hacer. Vino a fortalecer una relación con la gente. Vino a erradicar la enemistad, la rivalidad, el aislamiento que existía entre Dios y el hombre. Una vez que llenó aquel vacío, una vez que superó aquello, dijo: «Os llamaré amigos».

Para restablecer una relación es esencial comprender que no existe amistad perfecta, ni matrimonio perfecto, ni persona perfecta. Con la determinación de hacer que la relación sea buena, puedes desarrollar tratados de paz, de amor, de tolerancia y armonía para transformar una situación difícil en algo hermoso.

Caminata con el Salvador

Una Misión de Vida o Muerte

No temáis a los que matan el cuerpo, más el alma no
pueden matar; temed más bien a aquel que puede
destruir el alma y el cuerpo en el infierno.

MATEO 10.28

La desdicha del infierno es profunda, pero no tan profunda como el amor de Dios.

¿Cómo aplicamos esta verdad? Si eres salvo, esto debe regocijarte. Has sido rescatado. Un vistazo a lo que es el infierno lleva al creyente a regocijarse. Pero también lleva al creyente a redoblar sus esfuerzos por alcanzar al perdido. Entender el infierno es orar con más ahínco y servir más diligentemente. Nuestra misión es de vida o muerte.

¿Y los perdidos? ¿Qué significado tiene este mensaje para quien no está preparado? Atiende las advertencias y prepárate. Este avión no va a estar volando siempre. «La muerte es el fin de todos los hombres, y los que viven debieran tenerlo presente» (Eclesiastés 7.2).

Cuando Cristo Venga

¿Cuál Es Tu Precio?

La vida del hombre no consiste en la
abundancia de los bienes que posee.

LUCAS 12.15

Jesús tenía una definición de *avaricia*: La práctica de medir la vida según las posesiones.

La avaricia iguala el valor de una persona con su bolsillo.

1. Posees mucho = eres mucho

2. Posees poco = eres poco.

La consecuencia de tal filosofía es predecible. Si eres la suma de lo que posees, es necesario que seas dueño de todo. Ningún precio es demasiado elevado. Ningún pago es demasiado.

La avaricia no se define por lo que cuestan las cosas; se mide por lo que te cuestan a ti.

Si alguna cosa te cuesta tu fe o tu familia, el precio es demasiado alto.

Cuando Dios Susurra tu Nombre

Seguro en Sus Manos

[Dios] es poderoso para guardaros sin caída.

Tú y yo estamos en una gran escalada. El muro es alto, y los riesgos son mayores. Diste el primer paso el día en que confesaste a Cristo como el Hijo de Dios. Él te entregó su arreo: el Espíritu Santo. En tus manos puso una cuerda: su Palabra.

Tus primeros pasos fueron confiados y seguros, pero con la jornada vino el cansancio y con la altura vino el temor. Diste un traspié. Perdiste el enfoque. Perdiste el agarre y caíste. Por un momento, que pareció eterno, tambaleaste violentamente. Fuera de control. Fuera de dominio propio. Desorientado. Dislocado. De caída.

Pero entonces la cuerda se tensó y cesó el tambaleo. Colgaste del arreo y te diste cuenta que era fuerte. Agarraste la cuerda y hallaste que en verdad era firme. Y aunque no ves a tu guía, lo conoces. Sabes que es fuerte. Sabes que impedirá que caigas.

El Trueno Apacible

Reflejar la Gloria de Dios

Mirando a cara descubierta ...
somos transformados de gloria en
gloria en [su] misma imagen.

2 CORINTIOS 3.18

El propósito de la adoración es cambiar el rostro del adorador. Esto fue exactamente lo que le ocurrió a Jesús en la montaña. La apariencia de Jesús cambió, «y resplandeció su rostro como el sol» (Mateo 17.2).

La relación entre el rostro y la adoración es más que coincidencia. Nuestro rostro es la parte más publica de nuestro cuerpo y el área que menos se cubre. Es también la más reconocible de nuestro cuerpo. No llenamos un anuario escolar con fotos de los pies de las personas, sino con fotos de sus rostros. Dios desea tomar nuestro rostro, esta parte de nuestro cuerpo más expuesta y recordada, y usarlo para reflejar su bondad.

Como Jesús

El Perdón Libera el Alma

Si haciendo lo bueno sufrís,
y lo soportáis, esto ciertamente
es aprobado delante de Dios.

1 PEDRO 2.20

¿Existe alguna emoción que aprisione más el alma que la falta de voluntad para perdonar? ¿Qué haces cuando alguien te maltrata a ti o a quienes amas? ¿No arde dentro de ti el fuego de la ira, con llamaradas que saltan y consumen tus emociones? ¿O buscas alguna fuente de agua fresca y sacas de ella una cubeta de misericordia para liberarte?

No montes en la montaña rusa del resentimiento y la ira. Di: «Sí, me trató mal, pero yo voy a ser como Cristo. Yo seré quien diga: "Perdónalos, Padre, porque no saben lo que hacen"».

Caminata con el Salvador

Un Suave Toque en la Puerta

Como aquel que os llamó es santo, sed también vosotros
santos.

1 PEDRO 1.15

Tengo algo contra las voces mentirosas que hacen ruido en nuestro mundo. Las has escuchado. Son las que te dicen que sacrifiques tu integridad por una nueva venta. Que trueques tus convicciones por un negocio fácil. Que cambies tu devoción por una aventura momentánea.

Te susurran. Te pasan la mano. Te provocan. Te tientan. Coquetean contigo. Te adulan. «Adelante. Hazlo. No es malo». «No te preocupes, nadie se va enterar».

El mundo golpea violentamente a tu puerta; Jesús toca suavemente a tu puerta. Las voces piden a gritos tu lealtad; Jesús suave y tiernamente la solicita. El mundo te promete ostentosos placeres; Jesús te promete una tranquila cena… con Dios.

¿Qué voz escuchas?

En el Ojo de la Tormenta

Dios, el Salvador

*El que cree en el Hijo
tiene vida eterna; pero el que rehúsa
creer en el Hijo no verá la vida.*

¿Cuándo llega la salvación?

Cuando miramos a Cristo. Cuando lo abrazamos como Salvador. Asombrosamente simple, ¿verdad? Aprópiate de la gran promesa de Juan 3.16: «De tal manera amó Dios al mundo, que ha dado a su Hijo unigénito, para que todo aquel que en él cree, no se pierda, mas tenga vida eterna».

Dios, Amante. Dios, el Dador. Dios, el Salvador.

Y hombre, el creyente. Y a los que creen, ha prometido un nuevo nacimiento.

Pero a pesar de ser tan simple, todavía hay personas que no creen. No confían en la promesa…

Si al menos probaran. Si al menos lo verificaran. Pero Dios es tan cortés como apasionado. Jamás fuerza su entrada. La decisión es de ellos.

El Trueno Apacible

Julio

Jesús les habló, diciendo:
¡Tened ánimo; yo soy, no temáis!

—MATEO 14.27

El Juicio es de Dios

Espera a Jehová,
y él te salvará.

PROVERBIOS 20.22

Algunos están ante una corte judicial. La corte de la queja. Algunos sacan a relucir la misma herida cada oportunidad en que alguien esté dispuesto a prestarles el oído.

Mi pregunta es: ¿Quién los convirtió en Dios? Mi intención no es ser arrogante, pero, ¿por qué hacen lo que solo le corresponde a Él?

«Mía es la venganza, dice el Señor. Yo pagaré (Hebreos 10.30).

El juicio es tarea de Dios. Pensar algo distinto es suponer que Dios no puede hacerlo.

La venganza es irreverente. Perdonar a alguien es manifestar reverencia. Perdonar no es decir que el que te lastimó tenía razón. Perdonar es declarar que Dios es fiel y hará lo que es justo.

Cuando Dios Susurra tu Nombre

Pensamientos Susurrantes

Examíname, oh Dios, y conoce mi corazón;
pruébame, y conoce mis pensamientos.

SALMO 139.23

Imagínate considerar cada momento como un tiempo potencial de comunión con Dios. Cuando llegue el término de tu vida, habrás gastado seis meses detenido ante el semáforo, ocho meses abriendo la correspondencia inservible, año y medio buscando cosas que se te han perdido (duplica ese número en mi caso) y cinco largos años esperando en varias filas.

¿Por qué no entregas estos momentos a Dios? Al dedicar a Dios tus pensamientos susurrantes, lo común se torna en extraordinario. Frases sencillas como «Gracias, Padre», «Sé el soberano en esta hora, oh Señor», «Jesús, eres mi lugar de reposo» pueden transformar tu andar cotidiano en una peregrinación. No tienes que abandonar la oficina ni arrodillarte en tu cocina. Sencillamente ora donde te encuentres. Permite que la cocina se convierta en una catedral, o el aula de clases en una capilla. Ofrece a Dios tus pensamientos susurrantes.

Como Jesús

Dios Cambia Nuestro Rostro

*Puso luego en mi boca cántico nuevo,
alabanza a nuestro Dios.*

SALMO 40.3

Dios nos invita a mirar su rostro para poder cambiar el nuestro. Usa nuestro rostro descubierto para desplegar su gloria. La transformación no es fácil. El escultor de Monte Rushmore hizo frente a un desafío menor que el que encara Dios. Pero nuestro Señor está a la altura de la tarea. Le fascina transformar el rostro de sus hijos. Gracias a sus dedos, las arrugas de las preocupaciones desaparecen. Las sombras de la vergüenza y la duda se convierten en una imagen de gracia y confianza. Dios relaja las quijadas recias y suaviza los ceños arrugados. Su toque puede eliminar las bolsas que el cansancio forma debajo de los ojos, y transformar las lágrimas de desesperación en lágrimas de paz.

¿Cómo? Mediante la adoración.

Uno espera algo más complicado y más exigente. Quizás un ayuno de cuarenta días o la memorización de Levítico. No. El plan de Dios es más sencillo. Él nos transforma el rostro mediante la adoración.

Como Jesús

Hallar la Gracia de Dios

Vida y misericordia me concediste,
y tu cuidado guardó mi espíritu.

Job 10.12

La disciplina es para mí fácil de tragar. Y lógica de asimilar. Manejable y apropiada. ¿Pero la gracia de Dios? Cualquier cosa menos eso. ¿Ejemplos? ¿De cuánto tiempo dispones?

David el salmista se convierte en David el fisgón, pero por la gracia de Dios vuelve a ser David el salmista.

Pedro negó a Cristo antes de predicar a Cristo.

Zaqueo, el ladrón. La parte más limpia de su vida fue el dinero que lavó. Pero aún así Jesús tuvo tiempo para él.

El ladrón en la cruz: confinado al infierno y colgado para morir en un minuto, destinado al cielo y sonriente el siguiente.

Relato tras relato. Oración tras oración. Sorpresa tras sorpresa. Pareciera que Dios está buscando más maneras de llevarnos a casa que en mantenernos fuera. Te reto a que encuentres un alma que se acercó a Dios buscando gracia que no la hallara.

Cuando Dios Susurra tu Nombre

El Calabozo de la Amargura

Si perdonáis a los hombres sus ofensas, os perdonará
también a vosotros vuestro Padre celestial.

MATEO 6.14

Los lados están resbaladizos por el resentimiento. Un piso de ira cenagoso inmoviliza los pies. El hedor de la traición satura el aire e irrita los ojos. Una nube de autocompasión impide ver la diminuta salida en la parte superior.

Acércate y observa a los prisioneros. Las víctimas están encadenadas a las paredes. Son víctimas de la traición y del abuso.

El calabozo, profundo y tenebroso, te hace señas para que entres. Puedes, lo sabes. Has experimentado demasiado dolor. Sabes que, al igual que muchos, puedes encadenarte a tu dolor. O al igual que otros, puedes optar por deshacerte de tus agravios antes de que se conviertan en odios.

¿Cómo trata Dios la amargura de corazón? Te recuerda que lo que tienes es más importante que lo que no tienes. Todavía conservas tu relación con Dios. Nadie te la puede quitar.

Todavía Remueve Piedras

El Sacerdote Perfecto

Cuando venga en aquel día para ser glorificado en sus
santos y ser admirado en todos los que creyeron.

2 TESALONICENSES 1.10

Cuando miremos a Cristo, ¿qué veremos?

Veremos al sacerdote perfecto. «Vestido de una ropa que llegaba hasta los pies, y ceñido por el pecho con un cinto de oro» (Apocalipsis 1.13). Los primeros en leer este mensaje conocían el significado de la túnica y el cinto. Jesús tiene puesta la vestimenta de un sacerdote. Un sacerdote le presenta personas a Dios y a Dios a las personas.

Has conocido otros sacerdotes. Ha habido otros en tu vida, sean clérigos o no, que procuraron llevarte a Dios. Pero ellos también necesitaban un sacerdote. Algunos necesitaban un sacerdote más que tú. Ellos, al igual que tú, eran pecadores. Mas no es así respecto a Jesús. «Porque tal sumo sacerdote nos convenía: santo, inocente, sin mancha, apartado de los pecadores y hecho más sublime que los cielos» (Hebreos 7.26).

Jesús es el sacerdote perfecto.

Cuando Cristo Venga

Más Cerca de lo que Piensas

*Jesús les habló, diciendo:
Tened ánimo; yo soy, no temáis.*

MATEO 14.27

Cuando los discípulos vieron a Jesús en medio de su noche tormentosa, creyeron que era un aparecido. Un fantasma. Para ellos, el resplandor era cualquier cosa menos Dios.

Cuando vemos luces tenues en el horizonte, con frecuencia tenemos la misma reacción. Descartamos la bondad ocasional por creerlas apariciones, accidentes o anomalías. Cualquier cosa menos Dios…

Y debido a que buscamos la fogata, dejamos de ver la vela.

Debido a que ponemos oído al grito, dejamos de escuchar el susurro.

Pero es en velas brillantes como Dios viene, y nos susurra al oído: «Cuando tengas dudas, mira alrededor; estoy más cerca de lo que piensas».

En el Ojo de la Tormenta

Guardó la Fe

> *[Mantengamos] la fe y buena*
> *conciencia, desechando la cual*
> *naufragaron en cuanto a la fe algunos.*
>
> 1 TIMOTEO 1.19

Estoy sentado a pocos pies de un condenado a muerte. Judío de nacimiento. Por oficio es fabricante de carpas. Por llamado es Apóstol. Sus días están contados. Siento curiosidad por saber qué sostiene a este hombre al acercarse su ejecución. Así que le hago varias preguntas.

¿Tienes familia, Pablo? *Ninguna.*

¿Qué tal de salud? *Mi cuerpo está abatido y cansado.*

¿Algún galardón? *No en la tierra.*

Entonces, ¿qué tienes, Pablo? Sin posesiones, ni familia… ¿Qué tienes que valga la pena?

Tengo mi fe. Es todo lo que tengo. Pero es lo único que necesito. He guardado la fe.

Pablo se recuesta contra la pared de su celda y sonríe.

Cuando Dios Susurra tu Nombre

Orgullo de Padre

> *El Señor no retarda su promesa ...*
> *no queriendo que ninguno perezca,*
> *sino que todos procedan al arrepentimiento.*
>
> 2 PEDRO 3.9

A todos los que aceptan a Cristo como Salvador les ha prometido un nuevo nacimiento.

¿Significa esto que la vieja naturaleza no volverá a levantar su fea cabeza? ¿Quiere esto decir que instantáneamente serás capaz de resistir cualquier tentación?

Para responder a esa pregunta, compara tu nuevo nacimiento en Cristo con un bebé recién nacido. ¿Puede un recién nacido caminar? ¿Puede alimentarse por sí mismo? ¿Puede cantar, leer o hablar? No, aún no. Pero algún día lo hará.

El crecimiento toma tiempo. Pero ¿está el padre en la sala de partos avergonzado del bebé? ¿Está la madre apenada porque la criatura no puede deletrear... porque el bebé no puede caminar... porque el recién nacido no puede pronunciar un discurso?

Por supuesto que no. No están avergonzados; están orgullosos. Saben que el crecimiento viene con el tiempo. También lo sabe Dios.

El Trueno Apacible

El Propósito de la Vida

Amarás al Señor tu Dios con todo tu corazón,
y con toda tu alma, y con toda tu mente.

MATEO 22.37

Explora a fondo en cada corazón y lo encontrarás: anhelo de significación, ansias de propósito. Con la misma certeza de que el niño respira, algún día se preguntará: «¿Cuál es el propósito de mi vida?»

Algunos buscan significado en una carrera. «Mi propósito es ser dentista». Magnífica vocación, pero difícilmente una justificación para la existencia. Prefieren el «hacer» humano a «ser» humanos. Como son lo que hacen, hacen mucho. Trabajan muchas horas, porque si no lo hacen no tienen identidad.

Para otros, cuanto tienes cuanto eres. Hallan significado en un nuevo automóvil o nuevas ropas. Son buenas para la economía pero difíciles para el presupuesto, porque siempre buscan significado en algo que poseen. Algunos prueban con deportes, creencias raras, relaciones sexuales y otras cosas.

Todo tipo de espejismo en el desierto del propósito. ¿No deberíamos enfrentar la verdad? Si no reconocemos a Dios, no somos más que materia flotante en el universo.

En Manos de la Gracia

Una Gran Visión de Dios

Santo, santo, santo es el Señor Dios Todopoderoso,
el que era, el que es, y el que ha de venir.

APOCALIPSIS 4.8

¿Qué es la adoración? Me agrada la definición del rey David. «Engrandeced a Jehová conmigo, y exaltemos a una su nombre» (Salmo 34.3). Adorar es el acto de magnificar a Dios. Ampliar nuestra visión de Él. Entrar en una cabina de avión para ver dónde se sienta y observar lo que hace. Por supuesto, su tamaño no cambia, pero nuestra percepción de Él sí cambia. A medida que nos acercamos, Dios nos parece más grande. ¿No es eso lo que necesitamos? ¿Una *gran* perspectiva de Dios? ¿Acaso no tenemos *grandes* problemas, *grandes* preocupaciones, *grandes* preguntas? Por supuesto que sí. Por eso necesitamos una gran perspectiva de Dios.

La adoración ofrece eso. ¿Quién puede cantar «Santo, Santo, Santo» sin tener ampliada su visión?

Como Jesús

Una Gran Decisión

¿O menospreciáis las riquezas de su benignidad,
paciencia o longanimidad, ignorando que
su benignidad te guía al arrepentimiento?

ROMANOS 2.4

Nadie es más feliz que el que se ha arrepentido sinceramente de su error. El arrepentimiento es la decisión de abandonar los deseos egoístas y buscar a Dios. Es un pesar genuino y sincero que nos molesta y nos lleva a reconocer el error y al deseo de mejorar.

Es una convicción interna que se manifiesta en acciones externas.

Uno ve el amor de Dios y lo increíble de que nos ame como nos ama, y esta comprensión nos impulsa a cambiar de vida. Esa es la naturaleza del arrepentimiento.

Caminata con el Salvador

Conocer la Voluntad de Dios

Y esta es la voluntad del que me
ha enviado: que todo aquel que
ve al Hijo, y cree en él, tenga vida eterna.

JUAN 6.40

Aprendemos cuál es la voluntad de Dios pasando tiempo en su presencia. La clave para conocer el corazón de Dios es tener una relación con Él. Una relación *personal*. Dios te hablará de una manera diferente que a otros. El hecho de que le haya hablado a Moisés desde la zarza ardiendo no quiere decir que debemos sentarnos junto a una zarza a esperar que Dios nos hable. Dios se valió de un pez para convencer a Jonás. ¿Significa esto que debemos celebrar servicios de adoración en un acuario? No. Dios revela su corazón individualmente a cada persona.

Por esta razón, tu andar con Dios es esencial. Nadie ha conocido su corazón en una plática ocasional ni en una visita semanal. Descubrimos su voluntad al establecer residencia en su casa.

Camina con Él suficiente tiempo, y llegarás a conocer su corazón.

La Gran Casa de Dios

La Firma de Dios

Antes que te formase en el vientre te conocí.

Con Dios en tu mundo, no eres un accidente ni un incidente; eres un regalo al mundo, una obra de arte divina con la firma Dios.

Uno de los regalos más finos que he recibido es una pelota de fútbol firmada por treinta jugadores de fútbol profesionales. No hay nada excepcional en esta pelota. Pude haberla adquirido en una tienda de descuento de artículos deportivos. Lo que le da originalidad son las firmas.

Lo mismo ocurre con nosotros. En el esquema de la naturaleza el *homo sapiens* no es nada excepcional. No somos las únicas criaturas con carne, pelo, sangre y corazón. Lo que nos hace especial no es solamente nuestro cuerpo, sino la firma de Dios en nuestra vida. Somos sus obras de arte. Estamos creados a su imagen para hacer buenas obras. Somos de valor, no a causa de lo que hacemos, sino de quien somos.

En Manos de la Gracia

Más de lo que el Ojo Puede Ver

*Es, pues, la fe la certeza
de lo que se espera, la convicción
de lo que no se ve.*

HEBREOS 11.1

La fe es confiar en lo que el ojo no puede ver.

Los ojos ven al león que acecha. La fe ve al ángel de Daniel.

Los ojos ven tormentas. La fe ve el arco iris de Noé.

Los ojos ven gigantes. La fe ve a Canaán.

Tus ojos ven tus faltas. Tu fe ve a tu Salvador

Tus ojos ven tu culpa. Tu fe ve su sangre.

Tus ojos miran al espejo y ven un pecador, un fracasado, un quebrantador de promesas. Pero por fe miras al espejo y te ves como el pródigo bien vestido que lleva el anillo de gracia en el dedo y el beso del Padre en el rostro.

Cuando Dios Susurra tu Nombre

Todos Hijos de Dios

Y si por gracia, ya no es por obras;
de otra manera, la gracia ya no es gracia.

ROMANOS 11.6

¿A quién ofrece Dios su regalo? ¿Al más brillante? ¿Al más hermoso o al más atractivo? No. Su regalo es para todos: mendigos y banqueros, sacerdotes y dependientes, jueces y conserjes. Todos son hijos de Dios.

Y nos quiere tanto que nos acepta tal y cual somos. No va a esperar a que alcancemos la perfección (¡sabe que nunca la alcanzaremos!). ¿Crees que está esperando a que venzamos todas las tentaciones? Qué va. ¿A que dominemos nuestro andar cristiano? Menos. Recuerda, Cristo murió por nosotros cuando éramos aún pecadores. Su sacrificio no dependía de nuestro comportamiento.

Él nos quiere *ahora*.

Con Razón lo Llaman el Salvador

Dios Está de Tu Lado

Y Jehová va delante de ti; él estará contigo, no te dejará,
ni te desamparará; no temas ni te intimides.

DEUTERONOMIO 31.8

Cuando tenía siete años me fui de casa. Estaba hastiado de las regulaciones de mi padre y creía que podía valerme por mí mismo. Con la ropa en una bolsa de papel, salí como un bólido por el portón del fondo y me fui por el callejón. Pero no llegué lejos. Recordé que tenía hambre y regresé.

Aunque la rebelión fue breve, fue rebelión. Y si me hubieras detenido en aquella jornada pródiga, seguro que te hubiera dicho: «No necesito de un padre. Estoy demasiado grande para seguir las normas familiares».

No escuché al gallo cantar, como Pedro. No sentí el eructo del pez como Jonás. Tampoco recibí una túnica, ni un anillo ni calzado nuevo como el hijo pródigo. Pero aprendí de mi padre terrenal lo que esas tres personas aprendieron de su padre celestial. Dios no es Padre sólo en las buenas. Él no anda con juegos de tómalo y déjalo. Puedo contar con que estará de mi lado, sin importarle mi comportamiento. Tú también puedes estar seguro de lo mismo.

La Gran Casa de Dios

Dios Anda Entre los Que Sufren

El mismo tomó nuestras enfermedades,
y llevó nuestras dolencias.

MATEO 8.17

Imagínate un campo de batalla cubierto de cuerpos heridos y puedes ver a Betesda. Imagínate un asilo de ancianos atestado de residentes y con escasez de personal, y verás el estanque. Has memoria de los huérfanos en Bangladesh o de los abandonados en Nueva Delhi, y verás lo que la gente veía al pasar por Betesda. Al pasar, ¿qué escuchaban? Una ola interminable de gemidos. ¿Qué contemplaban? Un campo de necesidades sin rostro. ¿Qué hacían? La mayoría seguía de largo.

Pero Jesús no

Él está solo. La gente lo necesita: por eso está allí. ¿Puedes imaginártelo? Jesús caminando entre los que sufren.

No pueden imaginar siquiera que Dios está caminando despacio, con mucho cuidado, entre los mendigos y los ciegos.

Todavía Remueve Piedras

¿Por Qué Negar?

*Si decimos que no tenemos pecado,
nos engañamos a nosotros mismos,
y la verdad no está en nosotros.*

1 JUAN 1.8

No nos hacemos ningún favor justificando nuestros actos ni disimulando nuestros pecados. Hace algún tiempo mi hija Andrea se enterró una astilla en un dedo. La llevé al tocador y utilicé algunas pinzas, ungüento y una curita.

No le gustó lo que vio. «Solo quiero la curita, papá».

Algunas veces somos como Andrea. Vamos a Cristo con nuestro pecado, pero lo único que queremos es encubrirlo. Queremos evitar el tratamiento. Queremos esconder nuestro pecado. Y nos preguntamos si Dios, aún en su gran misericordia, sanará lo que hemos encubierto.

¿Cómo puede Dios sanar lo que negamos? ¿Cómo puede Dios tocar lo que encubrimos?

El Trueno Apacible

Le Veremos

*Ahora vemos por espejo,
oscuramente; mas entonces
veremos cara a cara.*

1 Corintios 13.12

¿Qué pasará cuando veas a Jesús?

Verás una pureza intachable y una fortaleza indomable. Sentirás su infinita presencia y conocerás su protección ilimitada. Y todo lo que es Él, lo serás tú, porque serás igual a Jesús. ¿No fue esta la promesa de 1 Juan? «Sabemos que cuando él se manifieste, seremos semejantes a él, porque le veremos tal como es él» (1 Juan 3.2).

Puesto que serás puro como la nieve, ya no volverás a pecar. Nunca volverás a tropezar. Nunca más volverás a sentir soledad. Nunca más volverás a dudar.

Cuando Cristo venga, morarás en la luz de Dios. Y lo verás exactamente tal cual Él es.

Cuando Cristo Venga

Lo Que Capta Nuestra Atención

Convertíos a Jehová vuestro Dios; porque misericordioso es y clemente, tardo para la ira y grande en misericordia.

JOEL 2.13

¿Hasta qué extremo deseas que Dios llegue para captar tu atención? Si Dios tuviese que escoger entre tu salvación eterna y tu comodidad terrenal, ¿cuál esperas que escoja?

¿Qué si él te traslada a otro país (como hizo con Abraham)? ¿Qué si te hace un llamado y te saca de tu jubilación? (¿Te acuerdas de Moisés?) Y, ¿qué me dices de la voz de un ángel o de la entraña de un pez? (estilo Gedeón y Jonás.) ¿Y qué de una promoción como la de Daniel o una degradación como la de Sansón?

Dios hace lo que sea para llamar nuestra atención. ¿No es ese el mensaje de la Biblia? La inexorable persecución de Dios. Dios anda de cacería. Dios anda en la búsqueda. Busca debajo de la cama a los niños que se esconden. Remueve la maleza en busca de la oveja perdida.

El Trueno Apacible

Si Yo Hubiera...

Ya no eres esclavo, sino hijo; y si hijo, también heredero
de Dios por medio de Cristo.

GÁLATAS 4.7

Quizás tu pasado no sea algo de lo cual jactarte. Tal vez has visto cruda maldad. Y ahora debes escoger. ¿Te sobrepones al pasado y estableces un cambio? ¿O permaneces controlado por el pasado y elaboras excusas?

Muchos escogen los hogares de convalecientes del corazón. Cuerpos saludables. Mentes ágiles. Pero sueños retirados. Se mecen incesantemente en el sillón del remordimiento, repitiendo las condiciones de la rendición. Acércate y los escucharás: «Si yo hubiera…»

«Si hubiera nacido en otra parte…»

«Si me hubieran tratado con justicia…»

Tal vez has usado estas palabras. Tal vez tengas motivos para usarlas. Si ese es el caso, busca el Evangelio de Juan y lee las palabras de Jesús: «Lo que es nacido de la carne, carne es; y lo que es nacido del Espíritu, espíritu es» (Juan 3.6).

Cuando Dios Susurra tu Nombre

Observa las Señales

Teme a Dios y guarda sus mandamientos;
porque eso es el todo del hombre.

ECLESIASTÉS 12.13

He aquí algunas probadas verdades de origen divino que definen el rumbo por el que debería navegar tu vida. Obsérvalas y goza de un viaje seguro. Desóyelas y te estrellarás contra las duras rocas de la realidad.

- Ama a Dios más de lo que le temes al infierno.

- Toma las decisiones importantes en un cementerio.

- Cuando nadie te esté observando, vive como si alguien lo estuviera.

- Triunfa primero en el hogar.

- No gastes hoy el dinero de mañana.

- Ora dos veces por cada vez que te irritas.

- Dios te ha perdonado; sería sabio que hicieras lo mismo.

En el Ojo de la Tormenta

Corazón y Manos Elevadas

Al Rey de los siglos, inmortal, invisible,
al único y sabio Dios, sea honor y
gloria por los siglos de los siglos.

1 TIMOTEO 1.17

El único propósito de ir ante el Rey es alabarlo, vivir reconociendo su esplendor. Alabar (elevando el corazón y las manos, regocijándonos con nuestras voces, cantando sus alabanzas) es la ocupación de los que moran en el Reino.

La alabanza es la más alta ocupación de cualquier ser. ¿Qué ocurre cuando alabamos al Padre? Restablecemos la adecuada jerarquía; reconocemos que el Rey está en el trono y que Él ha salvado a su pueblo.

Caminata con el Salvador

¿De Qué Tamaño Es Dios?

Para Dios todo es posible.

MATEO 19.26

La naturaleza es el taller de Dios. El cielo es su currículum vitae. El universo es su tarjeta de presentación. ¿Quieres saber quién es Dios? Contempla lo que ha hecho. ¿Quieres conocer su poder? Da un vistazo a su creación. ¿Sientes curiosidad por conocer su poder? Visítalo en su domicilio: Avenida Cielo Estrellado número Mil Millones.

La atmósfera de pecado no lo puede contaminar, el curso de la historia no lo puede detener, ni lo puede frenar el cansancio corporal.

Lo que te domina no lo domina a Él. Lo que te perturba no lo perturba. Lo que te fatiga no lo fatiga. ¿Molesta el tránsito a un águila en vuelo? No. Se eleva por encima de él. ¿Perturba el huracán a la ballena? Por supuesto que no. Se sumerge por debajo de él. ¿Se aturde el león cuando ve un ratón pardo en su camino? No; lo aplasta.

¡Cuanto más es capaz Dios de elevarse, sumergirse y pasar por encima de los problemas de la tierra!

La Gran Casa de Dios

Remedio para las Discusiones

Soportándonos unos a otros, y perdonándonos
unos a otros si alguno tuviere queja contra otro.
De la misma manera que Cristo os perdonó,
así también hacedlo vosotros.

COLOSENSES 3.13

La unidad no comienza examinando a otros, sino examinándonos a nosotros mismos. La unidad comienza, cuando no exigimos que otros cambien, y reconocemos que no somos tan perfectos.

¿Remedio para las discusiones? Aceptación. ¿El primer paso hacia la unidad? Aceptación. No estar de acuerdo, sino aceptación. No unanimidad, sino aceptación. Ni negociación, ni arbitraje, ni elaboración. Estos podrían venir más tarde, pero solo después del primer paso: aceptación.

En Manos de la Gracia

El Objetivo Final de Cristo

El Hijo del hombre ha venido para servir,
y dar su vida en rescate por muchos.

MARCOS 10.45

Una de las increíbles habilidades de Jesús fue la de mantener el enfoque. Su vida nunca se alejó del sendero … Siempre se mantuvo en el curso de su vida.

Al mirar Jesús el horizonte de su futuro, veía muchos blancos. Muchas banderas ondeaban al viento, cada una de las cuales pudo haber seguido. Pudo haber sido un político revolucionario. Pudo haber quedado satisfecho con ser un maestro y dedicarse a educar las mentes. Pero escogió ser un Salvador y salvar almas.

Cualquiera cercano a Cristo por cierta extensión de tiempo escuchó esto de sus propios labios. «El Hijo del hombre vino a buscar y a salvar lo que se había perdido» (Lucas 19.10). El corazón de Cristo estaba resueltamente orientado hacia una tarea. El día que dejó la carpintería de Nazaret tenía un propósito final: la cruz del Calvario.

Como Jesús

Nada Te Turbe

*Bendito el varón que
confía en Jehová.*

JEREMÍAS 17.7

Poco antes de su crucifixión, Jesús dijo a sus discípulos que los dejaría. «A donde yo voy, no me puedes seguir ahora, mas me seguirás después» (Juan 13.36).

Tal declaración estaba destinada a provocar algunas preguntas. Pedro habló por los otros y preguntó: «Señor, ¿por qué no te puedo seguir ahora?» (v. 37).

Fíjate si la respuesta de Jesús no refleja la ternura de un padre hacia un hijo: «No se turbe vuestro corazón; creéis en Dios, creed también en mí. En la casa de mi Padre muchas moradas hay; si así no fuera, yo os lo hubiera dicho; voy, pues, a preparar lugar para vosotros. Y si me fuere y os preparare lugar, vendré otra vez, y os tomaré a mí mismo, para que donde yo estoy, vosotros también estéis» (Juan 14.1-3).

Si se reduce el párrafo a una oración, diría: «Tú te ocupas de confiar, y yo me ocupo de llevarte».

Cuando Cristo Venga

No Tengas Ningún Temor

Yo Jehová soy tu Dios, quien te sostiene de tu mano
derecha, y te dice: No temas, yo te ayudo.

ISAÍAS 41.13

¿Te vendría bien un poco de valor? ¿Retrocedes más de lo que te mantienes de pie? Jesús impartió serenidad a sus nerviosos discípulos.

Debemos recordar que los discípulos eran hombres comunes a quienes se les encomendó una apremiante tarea. Antes de llegar a ser santos en los vitrales de las catedrales, eran vecinos que trataban de ganarse la vida y criar una familia. No fueron cortados de fibras teológicas ni fueron criados con leche sobrenatural. Pero su devoción era un poco mayor que sus temores, y como resultado hicieron algunas cosas extraordinarias.

Los temores terrenales en realidad no son temores. Responde a la gran pregunta de la eternidad y los pequeños interrogantes de la vida tomarán la perspectiva adecuada.

El Aplauso del Cielo

Dios Da Reposo

Mi yugo es fácil, y ligera mi carga.

MATEO 11.30

Pablo hizo una interesante observación con respecto al modo en que tratamos a las personas. Lo dijo con relación al matrimonio, pero el principio se aplica a cualquier relación. «El que ama a su mujer, a sí mismo se ama» (Efesios 5.28). Existe una relación directa entre lo que sientes acerca de ti mismo y lo que sientes con respecto a otros. Si estás en paz contigo, si te amas, te llevarás bien con otros.

Lo inverso también es cierto. Si no te estimas, si te sientes avergonzado, incómodo o enojado, otros lo sabrán.

Lo anterior nos lleva a esta pregunta: ¿De qué manera puede una persona obtener alivio?

«Venid a mí todos los que estáis trabajados y cargados, y yo os haré descansar" (Mateo 11.28). Jesús dice que Él es la solución para el cansancio del alma.

Cuando Dios Susurra tu Nombre

Él Regresará

Cada uno en su debido orden:
Cristo, las primicias; luego, los que
son de Cristo, en su venida.

1 CORINTIOS 15.23

Dios nos ha hecho una promesa.
«Regresaré…», nos asegura. Sí, las rocas saltarán. Sí,
la tierra temblará. Pero los hijos de Dios no tienen
por qué temer, pues el Padre ha prometido llevarnos
con Él.

Pero, ¿nos atrevemos a creer esa promesa? ¿Nos
atrevemos a confiar en su lealtad? ¿No hay una
cautelosa porción de nosotros que se pregunte cuán
confiables puedan ser estas palabras?

¿Cómo podemos saber que hará lo que dijo?
¿Cómo podemos creer que moverá las rocas y nos
libertará?

Porque ya lo hizo una vez.

Cuando Cristo Venga

Agosto

Creced en la gracia y el conocimiento de
nuestro Señor y Salvador Jesucristo.

—2 PEDRO 3.18

Nada sobre la Tierra Satisface

Nada hemos traído a este mundo, y sin duda
nada podremos sacar. Así que, teniendo sustento
y abrigo, estemos contentos con esto.

1 TIMOTEO 6.7-8

¿Satisfechos? Eso es algo que no estamos. No estamos satisfechos.

Tomamos unas vacaciones sensacionales … Nos saciamos de sol, diversión y buena comida. Pero aún no estamos camino de regreso cuando ya nos acongoja el final del viaje y empezamos a planear otro.

No estamos satisfechos.

Cuando niños decimos: «Quién fuera un adolescente». Cuando adolescente decimos: «Quién fuera un adulto». Como adulto: «Si estuviera casado». Como cónyuge: «Quién tuviera hijos».

No estamos satisfechos. La conformidad es una virtud difícil. ¿Por qué?

Porque no existe nada sobre la tierra que pueda satisfacer nuestros anhelos más profundos. Anhelamos ver a Dios. Las hojas de la vida susurran el rumor de que lo veremos, y no estaremos satisfechos hasta que lo logremos.

Cuando Dios Susurra tu Nombre

El Maestro Constructor

Confortará mi alma;
me guiará por sendas de justicia
por amor de su nombre.

SALMO 23.3

Es duro ver cómo envejecen las cosas. El pueblo en que me crié está envejeciendo. Algunos de los edificios están remendados con madera. Algunas de las casas están cayéndose. El viejo cine donde tenía mis citas románticas tiene un letrero en la marquesina que dice: «Se vende».

Quisiera poder renovarlo todo otra vez. Quisiera poder limpiar el polvo de sus calles… pero no puedo.

No puedo. Pero Dios puede. Puede quitar el polvo del alma cansada. «Él confortará mi alma», escribió el pastor. Al hacerlo, no la reformará: la restaurará. El Maestro Constructor sacará el plano original y la restaurará. Restaurará el vigor. Restaurará la energía. Restaurará la esperanza.

El Aplauso del Cielo

Un Fuego Violento

Os ruego por las misericordias de Dios,
que presentéis vuestros cuerpos en
sacrificio vivo ... a Dios.

ROMANOS 12.1

El resentimiento es la cocaína de las emociones. Hace que nuestra sangre se agite y nuestro nivel de energía se eleve. Pero, también al igual que la cocaína, exige una dosis cada vez mayor y más frecuente. Existe un punto peligroso en el que la ira deja de ser una emoción y se convierte en una fuerza motriz. Una persona inclinada a la venganza inconscientemente se aparta cada vez más de la posibilidad de perdonar, pues carecer de ira es carecer de una fuente de energía.

El odio es un perro rabioso que se vuelve contra su propio amo.

La venganza es el fuego violento que consume al incendiario.

La amargura es la trampa que atrapa al cazador.

Y la misericordia es la alternativa que puede liberarlos.

El Aplauso del Cielo

Has Arrebatado el Corazón de Dios

Y como el gozo del esposo con la esposa,
así se gozará contigo el Dios tuyo.

ISAÍAS 62.5

¿Has notado la manera en que el novio mira a la novia durante la boda? Yo sí. Quizás es debido a mi posición privilegiada. Como ministro de la boda, estoy situado junto al novio.

Si la luz y el ángulo de mi visión están en la posición idónea, puedo ver una leve reflexión en sus ojos. Es la reflexión de ella. Y al verla recuerda por qué está allí. Su mandíbula se relaja y su sonrisa forzada se suaviza. Se olvida que está usando un esmoquin, y olvida su camisa transpirada. Cuando la ve, toda idea de escapar se convierte en chiste otra vez. Lo tiene escrito en toda su cara. «¿Quién puede soportar la vida sin esta novia?»

Y tales son precisamente los sentimientos de Jesús. Mira bien a los ojos de nuestro Salvador, y allí, también, verás una novia. Vestida de lino fino. Ataviada en pura gracia… Es la novia… que camina hacia él.

¿Y quién es la novia por quien Jesús suspira? Eres tú. Te has robado el corazón de Dios.

Cuando Cristo Venga

Los Planes de Dios

*Deléitate asimismo en Jehová, y él te concederá
las peticiones de tu corazón.*

SALMO 37.4

Cuando nos sometemos a los planes de
Dios, podemos confiar en nuestros deseos. La tarea
que se nos encomienda se encuentra en la intersección del plan de Dios y nuestros deleites. *¿Qué te
gusta hacer? ¿Qué te produce gozo? ¿Qué te brinda satisfacción?*

Algunos anhelan alimentar a los pobres. Otros
gozan con ser líderes en la iglesia. Cada uno de nosotros ha sido hecho para servir a Dios en una forma
única.

Los anhelos de tu corazón, pues, no son incidentales; son mensajes urgentes. Los deseos de tu
corazón no deben ser desoídos; deben ser consultados. Así como el viento hace girar la veleta que marca
las condiciones atmosféricas, Dios usa tus pasiones
para hacer girar tu vida. Dios es demasiado bueno
para pedirte que hagas algo que te disgusta.

Como Jesús

Nuestro Problema Es el Pecado

No os conforméis a este siglo, sino transformaos
por medio de la renovación de nuestro entendimiento.

ROMANOS 12.2

El cambio verdadero es algo interno. Podrías modificar las cosas por un día o dos con dinero y sistemas, pero el meollo del asunto es y siempre será el corazón.

Permíteme especificar. Nuestro problema es el pecado. No las finanzas. No los presupuestos. Nuestro problema es el pecado. Estamos en rebelión contra nuestro Creador. Estamos separados de nuestro Padre. Estamos desconectados de la fuente de la vida. Un nuevo presidente o política no corregirán esta situación. Solo Dios puede resolverlo.

Por esta razón la Biblia utiliza términos drásticos como *conversión*, *arrepentimiento*, y *perdido* y *hallado*. La sociedad puede renovar, pero Dios crea de nuevo.

Cuando Dios Susurra tu Nombre

La Verdad en el Amor

*Justicia y juicio son el cimiento de
tu trono; misericordia y verdad
delante de tu trono.*

SALMO 89.14

La búsqueda más difícil es la de la verdad y el amor.

La frase es gramaticalmente correcta. Sé que todos los maestros de lenguaje quisieran pluralizar esta oración para que se dijera en esta forma: Las búsquedas más difíciles son la de la verdad y la del amor. Pero eso no es lo que yo quiero decir.

El amor es una búsqueda difícil.

La verdad también lo es.

Pero ponlas juntas, busca la verdad y el amor al mismo tiempo y sujétate firmemente, que experimentarás la mayor aventura de tu vida.

El amor en la verdad. La verdad en el amor. Nunca lo uno a expensas de lo otro. Nunca el abrazo del amor sin la antorcha de la verdad. Nunca el calor de la verdad sin la calidez del amor.

Buscar ambas cosas es nuestra tarea principal.

La Biblia de Estudio Inspiradora

Ya se Puede Creer

Ahora compartimos su nueva vida,
porque resucitamos con Él en su resurrección.

ROMANOS 6.5 (LA BIBLIA AL DÍA)

¿Te agrada esa última frase? «Resucitamos con Él en su resurrección». La resurrección es la llamarada explosiva que anuncia a todos los que buscan con sinceridad que se puede creer sin problema. No hay problema en creer en la justicia final. No hay problema en creer en los cuerpos eternos. No hay problema en creer en el cielo como nuestra propiedad y en la tierra como nuestro pórtico. No hay problema en creer en un tiempo en que las preguntas no nos mantendrán despiertos y el dolor no nos mantendrá caídos. No hay problema en creer en tumbas abiertas, días sin fin y alabanza genuina.

Y así como podemos aceptar el relato de la resurrección, no hay problema en aceptar el resto del relato.

Cuando Cristo Venga

El Verdadero Hijo de Dios

Y vinieron sus discípulos y le despertaron, diciendo:
¡Señor, sálvanos, que perecemos! Él les dijo:
¿Por qué teméis, hombres de poca fe?

MATEO 8.25-26

Lee este versículo: «Entonces los que estaban en la barca vinieron y le adoraron, diciendo: Verdaderamente eres Hijo de Dios» (Mateo 14.33).

Después de la tormenta, los discípulos lo adoraron. Nunca habían hecho esto antes como grupo. Nunca. Verifícalo. Abre la Biblia. Trata de encontrar un caso en que los discípulos en grupo lo adoraron.

No lo vas a encontrar.

No los encontrarás adorando cuando sana al leproso. Ni cuando perdona a la adúltera. Ni cuando predica a las multitudes. Estaban dispuestos a seguirle. Dispuestos a dejar su familia. Dispuestos a echar fuera demonios. Dispuestos a estar en el ejército.

Pero después del incidente en el mar lo adoraron. ¿Por qué?

Muy simple. En esa ocasión los salvados eran ellos.

En el Ojo de la Tormenta

Preciosas Oraciones de un Padre

Y todos tus hijos serán enseñados por Jehová;
y se multiplicará la paz de tus hijos.

ISAIAH 54:13

Nunca subestimes las reflexiones de un padre cristiano. Nunca subestimes el poder que se manifiesta cuando un padre ruega a Dios en favor de un hijo. ¿Quién sabe cuántas oraciones están siendo contestadas ahora debido a la fiel reflexión de un padre hace diez o veinte años? Dios escucha a los padres que analizan las cosas.

El orar por nuestros hijos es una noble tarea. Si lo que hacemos, en esta sociedad de paso rápido, nos impide pasar tiempo en oración por nuestros hijos, estamos demasiado ocupados. Nada hay más espe cial, más precioso, que el tiempo que un padre invierte en luchar y reflexionar con Dios en favor de un hijo.

Caminata con el Salvador

Ver lo Invisible

El da esfuerzo al cansado,
y multiplica las fuerzas al
que no tiene ninguna.

ISAIAH 40:29

Un ejemplo de fe se encontró en la pared de un campo de concentración. Sobre ella un prisionero grabó las siguientes palabras:

Creo en el sol, aunque no brille.

Creo en el amor, aunque no lo expresen.

Creo en Dios, aunque no hable.

Intento imaginar a la persona que trazó estas palabras. Trato de imaginarme la mano esquelética que agarró el vidrio roto o la piedra con la que marcó la pared. Trato de imaginar los ojos entrecerrados que trataron de ver a través de la oscuridad mientras grababa cada letra. ¿Qué manos pueden haber grabado tal convicción? ¿Qué ojos pudieron haber visto bien en medio de tal horror?

Hay una sola respuesta: Ojos que escogieron ver lo invisible.

Todavía Remueve Piedras

Paciencia Infinita

Y la paciencia produce prueba,
y la prueba, esperanza.
Y la esperanza no avergüenza.

ROMANOS 5.4-5

 Dios es con frecuencia más paciente con nosotros que nosotros con nosotros mismos. Damos por sentado que si caemos, no somos nacidos de nuevo. Si tropezamos es que no estamos convertidos de veras. Si aún tenemos los viejos deseos, es que no somos una nueva criatura.

Si sientes ansiedad respecto de esto, recuerda: «El que comenzó en vosotros la buena obra la perfeccionará hasta el día de Jesucristo» (Filipenses 1.6).

El Trueno Apacible

Entrega tus Preocupaciones

*Mientras callé, se envejecieron
mis huesos en mi gemir todo el día.*

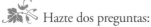 Hazte dos preguntas:

¿Hay en mi vida algún pecado sin confesar?

La confesión es decirle a Dios que hiciste lo que Él te vio hacer. Él no necesita escucharlo tanto como tú decirlo. Ya sea demasiado pequeño para mencionarlo o demasiado grande para perdonarlo, no te corresponde decidir. Tu tarea es ser sincero.

¿Existe alguna preocupación no rendida en mi corazón?

«[Echad] toda vuestra ansiedad sobre él, porque él tiene cuidado de vosotros» (1 Pedro 5.7).

La palabra alemana que se traduce *ansiedad* significa también «estrangular». La palabra griega significa «dividir la mente». Ambas son precisas. La ansiedad es una soga al cuello y una distracción de la mente, ninguna de las cuales es propicia para el gozo.

Cuando Dios Susurra tu Nombre

¿En qué Consiste tu Fortaleza?

De manera que tenemos diferentes dones,
según la gracia que nos es dada.

ROMANOS 12.6

Hay algunas cosas que deseamos hacer pero que, sencillamente, no estamos equipados para realizarlas. Yo, por ejemplo, siento deseos de cantar. Cantar para otros me llenaría de una grata satisfacción. El problema es que no le daría la misma satisfacción a mis oyentes.

Pablo ofrece un buen consejo en Romanos 12.3: «Que no tenga más alto concepto de sí del que debe tener».

En otras palabras, debes estar consciente de tus fuerzas. Cuando enseñas, ¿te escuchan las personas? Cuando diriges, ¿te sigue la gente? Cuando administras, ¿mejoran las cosas? ¿Dónde eres más productivo? Identifica tus fuerzas, y entonces… especialízate en ellas. El no orientar bien nuestras fuerzas puede impedirnos realizar las únicas tareas que Dios nos ha llamado a realizar.

Como Jesús

El Templo del Espíritu de Dios

*¿O ignoráis que vuestro cuerpo es
templo del Espíritu Santo, el cual
está en vosotros, el cual tenéis de Dios,
y que no sois vuestros?*

1 CORINTIOS 6.19

Tú vivirás por siempre en este cuerpo. Pero recuerda que será diferente. Lo que ahora es torcido será enderezado. Lo que es ahora defectuoso será arreglado. Tu cuerpo será diferente, pero no tendrás un cuerpo diferente. Tendrás este mismo. ¿Cambiará eso el criterio que tienes del mismo? Eso espero.

Dios tiene un alto concepto de tu cuerpo. Tú debes tenerlo también. Respétalo. No te digo que lo adores, sino que lo respetes. Después de todo, es el templo de Dios. Ten cuidado cómo lo alimentas, cómo lo usas y cómo lo mantienes. Tú no quisieras que nadie llene de basura tu casa; Dios no desea que nadie ensucie la suya. Después de todo, este cuerpo es suyo. ¿No es así?

Cuando Cristo Venga

Dios Ve Nuestros Valores

Jehová no mira lo que mira el hombre;
pues el hombre mira lo que está delante de
sus ojos, pero Jehová mira el corazón.

1 SAMUEL 16.7

Dios nos mira con los ojos de un Padre. Ve nuestros defectos, errores y manchas. Pero también ve nuestros valores.

¿Qué sabía Jesús que lo capacitó para hacer lo que hizo?

Esta es parte de la respuesta. Él conocía el valor de las personas. Sabía que cada ser humano es un tesoro. Y porque lo sabía, las personas no le eran una fuente de tensión, sino una fuente de gozo.

En el Ojo de la Tormenta

Bancarrota Espiritual

*Su misericordia es de generación
en generación a los que le temen.*

Lucas 1.50

Dios no nos salva por lo que hemos hecho. Solo un dios endeble se compra con diezmos. Solamente un dios egoísta se impresionaría con nuestro dolor. Solamente un dios temperamental estaría satisfecho con sacrificios. Solamente un dios sin corazón vendería la salvación a los más altos postores.

Y solamente un gran Dios hace por sus hijos lo que ellos por sí solos no pueden hacer.

El deleite en Dios se recibe mediante la rendición, no se confiere por conquista. El primer paso al regocijo es una súplica de ayuda, una confesión de destitución moral, un reconocimiento de insuficiencia interior. Los que experimentan la presencia de Dios se han declarado en bancarrota espiritual y están conscientes de su crisis espiritual. Sus bolsillos están vacíos. Sus opciones han desaparecido. Han dejado desde hace tiempo de demandar justicia; y están suplicando misericordia.

El Aplauso del Cielo

Busca su Parecido

*Dios … guarda el pacto
y la misericordia a los que le
aman y guardan sus mandamientos.*

DEUTERONOMIO 7.9

Somos idea de Dios. Somos suyos. Su rostro. Sus ojos. Sus manos. Su toque. Somos Él. Mira profundamente en el rostro de todo ser humano sobre la tierra y verás su parecido. Aunque algunos parecen ser parientes lejanos, no lo son. Dios no tiene primos, solamente hijos.

Somos, increíblemente, el cuerpo de Cristo. Y aunque no actuamos como nuestro Padre, no hay verdad más grande que esta: Somos suyos. Inalterablemente. Él nos ama. Para siempre. Nada puede separarnos del amor de Cristo (lee Romanos 8:38-39).

El Trueno Apacible

Un Lugar de Permanencia

Jehová te pastoreará siempre.

ISAÍAS 58. 11

Has estado allí. Has escapado de los arenosos cimientos del valle y has escalado su gran estrato de granito. Has dado la espalda al ruido y has seguido su voz. Te has alejado de las masas y has seguido al Maestro mientras te guiaba por el sinuoso sendero que llega a la cumbre.

Tiernamente tu guía te invita a sentarte en la roca que está sobre el nivel de los árboles y contemplar junto a Él los antiguos picos que nunca se erosionarán. «Lo que es necesario seguirá siéndolo», te dice en confianza. «Solo recuerda:

»No hay lugar al que mañana puedas ir en el que yo no haya estado yo.

»La verdad seguirá triunfando…

»La victoria es tuya…»

La cumbre sagrada. Un lugar de permanencia en un mundo en transición.

El Aplauso del Cielo

Cuatro Buenos Hábitos

*Creced en la gracia y
en el conocimiento de nuestro
Señor y Salvador Jesucristo.*

2 PEDRO 3.18

El crecimiento es la meta del cristiano. La madurez es un requisito. Si un niño deja de desarrollarse, sus padres se preocupan, ¿verdad?

Cuando un cristiano deja de crecer, necesita ayuda. Si eres el mismo cristiano de hace pocos meses atrás, cuidado. Sería sabio de tu parte que te hicieras un examen. No de tu cuerpo, sino de tu corazón. No un examen físico, sino espiritual.

¿Puedo sugerirte uno?

¿Por qué no examinas tus hábitos? Haz de los siguientes cuatro hábitos una actividad regular y observa lo que sucede.

Primero, el hábito de la oración. Segundo, el hábito del estudio. Tercero, el hábito de dar. Y por último, el hábito de la comunión con otros.

Cuando Dios Susurra tu Nombre

Orientación Para la Vida

Todo lo que hagáis, hacedlo de corazón,
como para el Señor y no para los hombres.

COLOSENSES 3.23

¿Cuándo tenemos la primera señal de que Jesús sabía que era el Hijo de Dios? En el templo de Jerusalén. Tiene doce años. Sus padres pasan tres días en el viaje de regreso a Nazaret antes de advertir la ausencia del niño. Lo encuentran en el templo estudiando con los líderes.

Ya un muchacho, Jesús siente el llamado de Dios. ¿Pero qué hace enseguida? ¿Recluta apóstoles, predica sermones y realiza milagros? No, va al hogar con los suyos. y aprende el negocio de la familia.

Eso es exactamente lo que debes hacer. ¿Quieres traer orientación a tu vida? Haz lo que hizo Jesús. Vete a tu casa, ama a tu familia y ocúpate de sus negocios. *Pero, Max, quiero ser misionero.* Tu primer campo misionero está bajo tu techo. ¿Qué te hace pensar que te creerán en el extranjero si no te creen en tu propia casa?

Como Jesús

Dios Está en Nuestro Equipo

Estaba yo postrado, y me salvó.

SALMO 116.6

Cuando jóvenes, los chicos del barrio jugábamos fútbol en la calle. Al minuto de llegar a casa de la escuela, dejábamos los libros y nos íbamos a la calle. El muchacho de enfrente tenía un padre con un gran brazo y una fuerte adicción al fútbol. Tan pronto se estacionaba al llegar del trabajo, empezábamos a gritar para que saliera y jugara. Él no podía resistir. Para ser justo, siempre preguntaba: «¿Qué equipo está perdiendo?» Entonces se incorporaba a ese equipo, que solía ser el mío.

Su aparición en el grupo lo cambiaba todo. Él tenía seguridad, era fuerte y sobre todo, tenía un plan. Nosotros hacíamos un círculo en derredor suyo y nos miraba y decía: «Bien, muchachos, esto es lo que vamos a hacer». El otro lado gruñía antes que rompiéramos grupo. La cosa es que no solamente teníamos un nuevo plan: teníamos un nuevo líder.

Traía nueva vida a nuestro equipo. Dios hace precisamente lo mismo. No necesitamos un nuevo juego; necesitamos un nuevo plan. No necesitamos cambiar posiciones; necesitamos un nuevo jugador. Ese jugador es Jesucristo. El unigénito Hijo de Dios.

En Manos de la Gracia

Perfeccionado

Nunca más me acordaré
de sus pecados y transgresiones

HEBREOS 10.17

«Con un solo sacrificio ha hecho perfectos para siempre a los que está santificando» Hebreos 10.14 (NVI).

Subraya la palabra *perfectos*. Nota que la palabra no es *mejores*. No es *mejorando*. No es *en alza*. Dios no mejora: perfecciona. No amplía: completa.

Comprendo que hay un sentido en el cual somos imperfectos. Todavía cometemos errores. Todavía tropezamos. Todavía hacemos exactamente lo que no queremos hacer. Y esa parte de nosotros es, de acuerdo con este versículo, lo «que está santificando».

Pero cuando se refiere a nuestra posición delante de Dios, somos perfectos. Cuando nos ve a cada uno de nosotros, ve a uno que ha sido hecho perfecto mediante Uno que es perfecto: Jesucristo.

En el Ojo de la Tormenta

Separados

> *El fruto del Espíritu es*
> *amor, gozo, paz, paciencia, benignidad,*
> *bondad, fe, mansedumbre, templanza.*
>
> GÁLATAS 5.22-23

En el siglo tercero, San Cipriano escribió a un amigo llamado Donato:

> *Este parece un mundo alegre, Donato, cuando lo veo desde mi agradable jardín. Pero si escalara una elevada montaña y mirara a lo lejos … sabes muy bien lo que vería: bandidos en los caminos, piratas en los mares y hombres asesinados en el anfiteatro para complacer a las multitudes que aplauden…*
>
> *Sin embargo, en medio de esto, veo personas serenas y santas … Las aborrecen y persiguen, pero no les importa. Han vencido al mundo. Esas personas, Donato, son cristianas.*

¡Qué elogio! *Personas serenas y santas.*

Serenas… No detestables. No jactanciosas. No exigentes. Simplemente serenas…

Santas… Separadas. Puras. Decentes. Honradas. Sanas.

La Biblia de Estudio Inspiradora

Rescatados Por el Cielo

El que oye mi palabra, y cree al que me envió,
tiene vida eterna; y no vendrá a condenación,
mas ha pasado de muerte a vida.

Cuando reconozcas a Dios como Creador, lo admirarás. Cuando reconozcas su sabiduría, aprenderás de Él. Cuando descubras su poder, dependerás de Él. Pero solo cuando te salve, le adorarás.

Este es un escenario de «antes y después». Antes de tu rescate podías fácilmente mantener a Dios a distancia. Claro que era importante, pero también lo era tu carrera. Tu condición social. Tu salario.

Entonces vino la tempestad… el furor… la pelea… los amarres desatados. La desesperación cayó como neblina; perdiste el aguante. En tu corazón sabías que no había salida.

¿Ir a tu carrera en pos de ayuda? Solamente si te quieres esconder de la tormenta… no para escapar de ella. ¿Apoyarte en tu condición social para ganar fuerzas? Una tormenta no se deja impresionar por un título.

De repente te has quedado con una opción: Dios.

En el Ojo de la Tormenta

Que los Redimidos lo Digan

*Y revestido del nuevo, el cual
conforme a la imagen del que lo creó se va
renovando hasta el conocimiento pleno.*

COLOSENSES 3.10

Me pregunto si Jesús no esboza una ligera sonrisa al ver a su oveja perdida regresar al redil. Exhausta, maltratada y sucia, se detiene ante la puerta, mira al Pastor y pregunta: «¿Puedo entrar? No me lo merezco pero, ¿hay espacio en tu Reino para uno más?» El Pastor mira la oveja y le dice: «Entra, esta es tu casa».

La salvación es el proceso que está hecho, que es seguro, que nadie puede quitarte. La santificación es el proceso de toda una vida de ser transformados de un grado de gloria al siguiente, de ir creciendo en Cristo, de dejar atrás lo viejo e ir incorporando lo nuevo.

El salmista David nos dice que los que han sido redimidos lo dirán. Si nosotros no lo decimos, quizás es porque hemos olvidado lo que es ser redimido. ¡Que lo digan los redimidos de la tierra!

Caminata con el Salvador

Dios Energiza Nuestros Esfuerzos

*A este Cristo proclamamos, aconsejando
y enseñando con toda sabiduría a todos los seres
humanos, para presentarlos a todos perfectos en él.
Con este fin trabajo y lucho fortalecido
por el poder de Cristo que obra en mí*

COLOSENSES 1.28-29 (NVI)

Observa el objetivo de Pablo: *presentarlos a
todos perfectos en Él.* Pablo soñaba con el día en que
cada persona estuviese segura en Cristo. ¿Cuál era
su método? *Exhortación y enseñanza.* ¿Sus herramientas? Verbos. Sustantivos. Oraciones. Lecciones.
El mismo equipo del cual tú y yo disponemos.

¿Resultaba más fácil en aquel entonces que
ahora? No lo creo. Pablo llamaba a esto trabajo. *Para
este fin trabajo,* escribió. Trabajo significa visitar hogares, enseñar a las personas, preparar clases.

¿Cómo lo hizo él? ¿Cuál era la fuente de su
fuerza? Trabajaba con todo *el poder de Cristo que obra
[poderosamente] en mí.*

Al trabajar Pablo, también lo hacía Dios…Y al
trabajar tú, también lo hace el Padre.

Cuando Dios Susurra tu Nombre

Dios Sabe Qué es lo Mejor

Fíate de Jehová de todo tu corazón,
y no te apoyes en tu propia prudencia.

PROVERBIOS 3.5

El problema con este mundo es que no encaja bien. Claro, por ahora nos saca del paso, pero no está hecho a la medida. Fuimos creados para vivir con Dios, pero en la tierra vivimos por fe. Fuimos hechos para vivir eternamente, pero sobre esta tierra vivimos por apenas un momento.

Debemos confiar en Dios. Debemos confiar no solamente en que Él hace lo que es mejor, sino en que conoce lo que está por delante. Piensa en las palabras de Isaías 57.1-2: «Perece el justo, y no hay quien piense en ello; y los piadosos mueren, y no hay quien entienda que de delante de la aflicción es quitado el justo. Entrará en la paz; descansarán en sus lechos todos los que andan delante de Dios».

¡Qué pensamiento! Dios los libra de los días malos venideros. ¿Puede la muerte ser un favor de Dios? ¿Puede la corona floral ser el anillo de seguridad de Dios? Con lo horrible que es la tumba, ¿será una protección de Dios frente al futuro?

Confía en Dios, insta Jesús, y confía en mí.

El Trueno Apacible

Transformados a su Imagen

*El cual transformará el cuerpo de la humillación
nuestra, para que sea semejante al cuerpo de la gloria
suya, por el poder con el cual puede también
sujetar a sí mismo todas las cosas.*

FILIPENSES 3.21

¿Qué sabemos sobre nuestros cuerpos resucitados? Serán diferentes a cualquiera que hayamos imaginado.

¿Luciremos tan diferentes que no nos reconoceremos de inmediato? Quizás. (Puede que necesitemos etiquetas con nombres.) ¿Atravesaremos paredes? Es posible que hagamos mucho más.

¿Llevaremos aún las cicatrices del dolor de la vida? Las marcas de la guerra. Las desfiguraciones de la enfermedad. Las heridas de violencias. ¿Permanecerán estas en nuestros cuerpos? Esa es una pregunta muy buena. Jesús conservó las suyas, por cuarenta días, por lo menos. ¿Mantendremos las nuestras? Sobre este tema solo podemos opinar, y mi opinión es que no. Pedro nos dice que «por sus heridas habéis sido sanados» (1 Pedro 2.24). En la contabilidad celestial, solamente una herida es digna de recordar. Y esta es la herida de Jesús. Las nuestras desaparecerán.

Cuando Cristo Venga

El Tribunal del Mundo

Me seréis testigos en Jerusalén, en toda Judea, en
Samaria, y hasta lo último de la tierra.

HECHOS 1.8

Somos testigos. Y como los testigos en un tribunal, somos llamados a testificar, a decir lo que hemos visto y oído. Y hemos de hablar la verdad. Nuestra tarea no es encubrir ni inflar la verdad. Nuestra tarea es decir la verdad. Punto.

Existe, sin embargo, una diferencia entre los testigos en el tribunal y los testigos a favor de Cristo. Los testigos en el tribunal llega el momento en que se bajan de la silla de los testigos, pero los testigos de Cristo, nunca. Puesto que las afirmaciones de Cristo están siempre en litigio, el tribunal está en sesión perpetua, y nosotros permanecemos bajo juramento.

Como Jesús

La decisión es nuestra

Y te desposaré conmigo para siempre;
te desposaré conmigo en justicia, juicio,
benignidad y misericordia.

OSEAS 2.19

Con todas sus peculiaridades e irregularidades, la Biblia tiene una historia sencilla. Dios hizo al hombre. El hombre rechazó a Dios. Dios no se dio por vencido hasta que lo reconquistó.

Dios susurrará. Gritará. Dará toques y tirones. Quitará nuestras cargas, y aún quitará nuestras bendiciones. Si hay mil pasos entre Él y nosotros, dará todos los pasos menos uno. Dejará el último a nosotros. La decisión es nuestra.

Por favor, entiende. Su objetivo no es hacerte feliz. Su objetivo es hacerte suyo. Su meta no es darte lo que quieres, sino darte lo que necesitas.

El Trueno Apacible

Septiembre

Mantengamos firme, sin fluctuar,
la profesión de nuestra esperanza,
porque fiel es el que prometió.

—Hebreos 10.23

Dios Nos Hace Justos Otra Vez

Crea en mí, oh Dios, un corazón limpio,
y renueva un espíritu recto dentro de mí.

SALMO 51.10

 Estamos sedientos.

No sed de fama, posesiones, pasión o romance. Ya hemos bebido de esos estanques. Son agua salada en el desierto. No sacian: matan.

«Bienaventurados los que tienen hambre y sed de justicia».

Justicia. Ahí está. Eso es de lo que anhelamos. Estamos sedientos de una conciencia limpia. Anhelamos empezar de nuevo. Suspiramos empezar de cero. Rogamos que llegue una mano y penetre la oscura caverna de nuestro mundo y haga por nosotros lo que no podemos hacer por nosotros mismos: arreglarnos nuevamente.

El Aplauso del Cielo

Gobernados Por el Amor

Tenemos redención por su sangre,
el perdón de pecados según
las riquezas de su gracia.

EFESIOS 1.7

Jesús habló de libertad, pero de una libertad diferente: de esa libertad que viene no por medio del poder, sino por medio de la sumisión. No mediante el dominio, sino mediante la rendición. No a través de posesiones sino mediante manos abiertas.

Dios quiere emancipar a su pueblo; anhela liberarlos. Desea que su pueblo no sea esclavo suyo, sino hijos y quiere que estén gobernados, no por la ley, sino por el amor.

Hemos sido liberados de nuestra propia culpa y nuestro propio legalismo. Tenemos la libertad de orar y la libertad de amar al Dios de nuestro corazón. Y hemos sido perdonados por el único que podría condenarnos. ¡Verdaderamente somos libres!

Caminata con el Salvador

Una Vida Libre de Confusión

Donde estuviere vuestro tesoro,
allí estará también vuestro corazón.

MATEO 6.21

La vida más poderosa es la vida más sencilla. La vida más poderosa es la que sabe hacia dónde se dirige, que conoce dónde está la fuente de poder, y la vida que se mantiene libre de la confusión, la circunstancia fortuita y el apresuramiento.

El estar ocupado no es pecado. Jesús estaba ocupado. Pablo estaba ocupado. Pedro estaba ocupado. Nada de significación se logra sin esfuerzo, trabajo arduo y fatiga. El estar ocupado, en sí, no es pecado. Pero mantenerse ocupado en la búsqueda permanente de *cosas* que nos dejan internamente vacíos, huecos y quebrantados no puede agradar a Dios.

Una de las fuentes de la fatiga humana es la búsqueda de cosas que nunca traerán satisfacción. Pero, ¿quién de nosotros no se ha visto atrapado en esa búsqueda en algún momento de la vida? Nuestras pasiones, posesiones y orgullo son cosas *muertas*. Cuando intentamos obtener vida de las cosas muertas, el resultado es solamente fatiga e insatisfacción.

Caminata con el Salvador

Dios, Nuestro Defensor

El solamente es mi roca y mi salvación.
Es mi refugio, no resbalaré.

SALMO 62.6

He aquí una gran pregunta. ¿Qué está haciendo Dios cuando estás en un aprieto? ¿Y cuando en el bote salvavidas empieza a filtrarse el agua? ¿Y cuando la cuerda del paracaídas se rompe? ¿Y cuando el último centavo se acaba antes de pagar las cuentas? Sé lo que estamos haciendo. Comiéndonos las uñas como si fuesen mazorca. Caminando de un lado para el otro. Tomando píldoras…

Pero, ¿qué hace Dios?

Él pelea por nosotros. Entra en el cuadrilátero, nos sienta en nuestra esquina y se hace cargo del resto. «Jehová peleará por vosotros, y vosotros estaréis tranquilos» (Éxodo 14.14).

Su tarea es pelear. Nuestra tarea es confiar.

Solamente confiar. No dirigir. No cuestionar… Nuestra tarea es orar y esperar.

Cuando Dios Susurra tu Nombre

No te Llenes de Pánico

*Mantengamos firmes, sin fluctuar,
la profesión de nuestra esperanza,
porque fiel es el que prometió.*

HEBREOS 10.23

¿Tu desilusión pesa demasiado? Lee la historia de los discípulos que iban camino a Emaús. El Salvador que ellos pensaban que estaba muerto caminaba junto a ellos. Entró en la casa de ellos y se sentó a su mesa. Y algo pasó dentro de sus corazones. «¿No ardía nuestro corazón en nosotros, mientras nos hablaba en el camino, y cuando nos abría las escrituras?» (Lucas 24.32).

La próxima vez que te sientas desilusionado, no te dejes envolver por el pánico. No te des por vencido. Ten paciencia y permítele a Dios recordarte que Él sigue estando en control. No des por terminado algo, hasta que realmente termine.

Todavía Remueve Piedras

Los Frutos del Engaño

No habitará dentro de mi casa el que hace fraude; el que habla mentiras no se afirmará delante de mis ojos.

SALMO 101.7

Más de una vez he escuchado hablar de Ananías y Safira, y con una risa nerviosa decir: «Me alegro de que Dios ya no mata a los mentirosos». No estoy tan seguro de que no lo hace. Me parece que los frutos del engaño siguen siendo la muerte. No la muerte del cuerpo, quizás, pero la muerte de:

Un matrimonio. Las mentiras son las termes que carcomen el tronco del árbol familiar.

Una conciencia. La tragedia de la segunda mentira es que siempre es más fácil de decir que la primera.

Una carrera. Pregúntale al estudiante que expulsaron por engañar o al empleado que dejaron cesante por desfalco si la mentira no es fatal.

Podríamos añadir la muerte de la intimidad, la confianza, la paz, la credibilidad y el autorrespeto. Pero quizás la muerte más trágica sea nuestro testimonio cristiano. Los tribunales no escuchan el testimonio de un testigo perjuro. Tampoco lo hará el mundo.

Como Jesús

Dios Ama la Verdad

*Los labios mentirosos son
abominación a Jehová; pero los que
hablan verdad son su contentamiento.*

PROVERBIOS 12.22

Nuestro Maestro tiene un código de honor estricto. De Génesis al Apocalipsis, el tema es el mismo: Dios ama la verdad y aborrece el engaño. En 1 Corintios 6.9-10, Pablo enumera el tipo de personas que no heredarán el Reino de Dios. El grupo que retrata es una lista irregular de personas que pecan sexualmente, adoran ídolos, participan en adulterios, venden el cuerpo, se emborrachan, roban y —para que vea— *mienten acerca de los demás.*

Tal rigor puede sorprenderte. *¿Quieres decir que mis mentirillas y adulaciones motivan la misma ira celestial que el adulterio y el asalto con agravante?* Aparentemente sí.

¿Por qué la línea dura? ¿Por qué la postura rigurosa?

Por una razón: la falsedad es absolutamente contraria al carácter de Dios.

Como Jesús

Bienaventurados los Bien Orientados

Cada uno según el don que ha recibido,
minístrelo a los otros.

1 PEDRO 4.10

Hay determinada cantidad de arena en el reloj de arena. ¿Quién se da cuenta?

Sabes a lo que me refiero, ¿verdad?

«El comité escolar necesita un nuevo tesorero. Con tu trasfondo, experiencia, talento, sabiduría, amor a los niños y tu título de contador, eres ideal para el trabajo».

Es un juego de tiro de cuerda, y tú eres la cuerda.

«Bienaventurados los mansos», dijo Jesús. La palabra *manso* no significa débil. Significa bien orientado. Es una palabra que se usa para describir a un semental domado. Poder bajo control.

Bienaventurados los que reconocen las responsabilidades que Dios les asignó. Bienaventurados los que reconocen que hay un solo Dios y han dejado de tratar de ocupar su posición. Bienaventurados los que saben lo que son y qué deben hacer en la tierra, y se disponen a hacerlo.

En el Ojo de la Tormenta

Temor y Fe

A medianoche, orando Pablo y Silas,
cantaban himnos a Dios,
los presos los oían.

HECHOS 16.25

Los grandes actos de fe rara vez son producto de un cálculo frío.

No fue la lógica lo que causó que Moisés alzara su vara a la orilla del Mar Rojo.

No fue la investigación médica la que convenció a Naamán para que se sumergiera siete veces en el río.

No fue el sentido común lo que impulsó a Pablo a abandonar la Ley y abrazar la gracia.

Ni tampoco fue un comité confiado el que oró en una pequeña habitación en Jerusalén para liberar a Pedro de la prisión. Fue una banda de creyentes abandonados, temerosos, desesperados. Fue una iglesia sin alternativas. Una congregación de gente sin recursos que suplicó ayuda.

Y nunca fueron más fuertes.

Al comienzo de todo acto de fe, a menudo hay una semilla de temor.

En el Ojo de la Tormenta

¿Quién Descifra la Eternidad?

*He visto el trabajo que Dios ha dado a los hijos
de los hombres para que se ocupen de él.*

No se necesita ser sabio para saber que las personas anhelan algo más que la tierra. Cuando vemos el dolor, lo anhelamos. Cuando vemos hambre, preguntamos por qué. Muertes sin sentido. Lágrimas interminables, pérdidas innecesarias…

Tenemos nuestros momentos especiales. El recién nacido sobre nuestro pecho, la novia de nuestro brazo, el sol sobre nuestras espaldas. Pero incluso esos momentos son apenas atisbos de luz que atraviesan las ventanas del cielo. Dios galantea con nosotros. Nos provoca. Nos corteja. Esos momentos son aperitivos del plato que ha de venir.

«Ningún simple mortal ha … imaginado las maravillas que Dios tiene preparadas para los que aman al Señor» (1 Corintios 2:9, LBD).

¡Qué impactante versículo! ¿Te das cuenta de lo que dice? *El cielo está más allá de nuestra imaginación.* Ni en nuestro momento más creativo, ni en nuestra más profunda reflexión, ni en nuestro nivel más alto, podremos descifrar la eternidad.

Cuando Dios Susurra tu Nombre

Desde Adentro

Y yo rogaré al Padre, y os dará un Consolador, para que
esté con vosotros para siempre: el Espíritu de verdad.

El cristianismo a la manera de cada cual no es mucho estímulo para el cansado y agotado.

La autosantificación abriga poca esperanza para el adicto.

Llegamos al punto en que necesitamos más que buenos consejos: necesitamos ayuda. En algún lugar en nuestro viaje a casa, nos damos cuenta que una proposición de mitad y mitad es demasiado poco. Necesitamos más.

Necesitamos ayuda. Ayuda de adentro. No cerca de nosotros. No sobre nosotros. No en derredor nuestro, sino dentro de nosotros. En la parte que aún no conocemos de nosotros. En el corazón que nadie más ha visto. En el rincón más escondido de nuestro ser reside, no un ángel, no un filósofo, no un genio, sino Dios.

Cuando Dios Susurra tu Nombre

El Triunfo Final

Si el grano de trigo no cae en la tierra y muere, queda
solo; pero si muere, lleva mucho fruto.

JUAN 12.24

Hacemos todo lo que podemos por vivir y no morir. Dios, sin embargo, dice que debemos morir para vivir. Cuando siembras una semilla, esta debe morir en la tierra antes que pueda brotar. Lo que vemos como la tragedia final Él lo ve como el triunfo final.

Cuando un cristiano muere, no es momento de desesperarse, sino de confiar. Así como se entierra la semilla y su envoltura material se descompone, nuestro cuerpo carnal será enterrado y se descompondrá. Pero al igual que de la semilla enterrada brota una vida nueva, nuestro cuerpo florecerá en un nuevo cuerpo.

La semilla plantada en la tierra florecerá en el cielo. Tu alma y tu cuerpo se reunirán, y serás como Jesús.

Cuando Cristo Venga

Más Dulce Después de un Descanso

En seis días hizo Jehová los cielos y la tierra ...
y reposó el séptimo día.

ÉXODO 20.11

El valor del tiempo anda por las nubes. El valor de cualquier mercadería depende de su escasez. Y el tiempo, que antes fue abundante, ahora se lo lleva el mejor postor.

Cuando tenía diez años, mi madre me matriculó en clases de piano. Pasar treinta minutos cada tarde atado a una banqueta de piano era una tortura.

Pero aprendí a disfrutar alguna de la música. Martillaba los staccatos. Me esmeraba en los crescendos. Pero había una instrucción en la música que nunca lograba obedecer a satisfacción de mi maestra. El silencio. La marca en zigzag que ordenaba no hacer nada. ¿Qué sentido tiene? ¿Por qué sentarse al piano y hacer una pausa cuando uno puede apretar las teclas?

«Porque», me explicaba pacientemente la maestra, «la música es más dulce después de un descanso».

Eso no tenía sentido para mí a la edad de diez años. Pero ahora, unas cuantas décadas más tarde, las palabras resuenan con sabiduría: sabiduría divina.

El Aplauso del Cielo

El Poder de Tus Manos

*Proseguirá el justo su camino, y el limpio
de manos aumentará la fuerza.*

JOB 17.9

¿Qué si alguien fuera a filmar un documental sobre tus manos? ¿Qué si un productor fuera a contar tu historia basada en la vida de tus manos? ¿Qué veríamos? Como con todos nosotros, la película comenzaría con el puño de un niño, luego una toma de primer plano de una manita agarrada de un dedo de mamá. ¿Y luego qué? ¿Asido de una silla aprendiendo a caminar?

Si fueses a mostrar el documental a tus amigos, estarías orgulloso de ciertos momentos: tus manos extendidas con un regalo, colocando un anillo en el dedo de otro, curando una herida, preparando una comida … Y luego hay otras escenas. Manos que reciben más que lo que dan, que demandan en lugar de ofrecer.

Ah, el poder de nuestras manos. Déjalas sin disciplinar y se convertirán en armas que arañan en busca de poder, que estrangulan para sobrevivir, que seducen por placer. Pero disciplínalas y esas manos serán instrumentos de gracia. No serán simples herramientas en las manos de Dios, sino las mismas manos de Dios.

Como Jesús

Decir la Verdad

Hablad verdad cada uno con su prójimo.

EFESIOS 4.25

Te hallas en un dilema: ¿Debes decir la verdad o no? La pregunta que debes hacerte en ese momento es: ¿Bendecirá Dios mi engaño? ¿Bendecirá Él, que aborrece la mentira, una estrategia construida sobre mentiras? El Señor, quien ama la verdad, ¿bendecirá un negocio de falsedades? ¿Honrará Dios la carrera de un manipulador? Yo tampoco lo creo.

Examina tu corazón. Hazte algunas preguntas difíciles.

¿Soy completamente sincero con mi esposa e hijos? ¿Se caracterizan mis relaciones por su candor? ¿Qué tal el ambiente en el trabajo o la escuela? ¿Soy honrado en mis tratos? ¿Soy un estudiante digno de confianza? ¿Soy honrado en el pago de mis impuestos?

¿Dices la verdad… siempre?

Si no, comienza hoy. No esperes hasta mañana. La onda de la mentira de hoy será una ola mañana, y una inundación el próximo año.

Como Jesús

¡Qué Dios!

Oh Jehová, Dios de los ejércitos,
¿quién como tú? Poderoso eres, Jehová,
y tu fidelidad te rodea.

SALMO 89.8

 Medita sobre la ejecutoria de Dios.

No pasa por alto nuestra rebelión ni atenúa sus demandas.

En lugar de dejar tranquilo nuestro pecado, increíblemente se lo echa encima y se condena a sí mismo.

La santidad de Dios es ensalzada. Nuestro pecado es castigado … y nosotros somos redimidos.

Dios hace lo que nosotros no podemos hacer, de modo que podamos ser lo que no nos atrevemos a soñar: perfectos ante Dios.

En Manos de la Gracia

El Nombre de Dios en tu Corazón

Torre fuerte es el nombre de Jehová;
a él correrá el justo, y será levantado.

PROVERBIOS 18.10

Cuando estés confundido en cuanto al futuro, acude a tu *Jehová-raá,* el pastor que te cuida. Cuando estés ansioso por tu sustento, habla con *Jehová-jiré,* el Señor que provee. ¿Es el desafío demasiado grande? Busca la ayuda de *Jehová-salom,* el Señor de paz. ¿Estás enfermo? ¿Estás débil emocionalmente? *Jehová-rofe,* Jehová el sanador, te verá ahora. ¿Te sientes como un soldado extraviado detrás de las líneas del enemigo? Refúgiate en *Jehová-nisi,* Jehová es mi estandarte.

La meditación en los nombres de Dios te hace recordar el carácter de Dios. Toma estos nombres y atesóralos en tu corazón.

Dios es
>> el pastor que guía,
>> el Señor que provee,
>> la voz que trae paz en la tormenta,
>> el médico que sana al enfermo y
>> el estandarte que guía al soldado

La Gran Casa de Dios

Una Carga Demasiado Pesada

*Quítense de vosotros toda amargura, enojo, ira,
gritería y maledicencia, y toda malicia.*

EFESIOS 4.31

Ah, el apretón gradual del odio. Su daño empieza como una rajadura en el parabrisas. Gracias a un camión que corría veloz sobre un pavimento de gravilla, mi parabrisas sufrió una pequeña quebradura. Con el tiempo la muesca se hizo una rajadura y luego una fisura mayor de forma serpenteante. No podía conducir sin pensar en aquel necio. No lo llegué a ver, pero podría describirlo. Debe ser un vago irresponsable que le es infiel a su esposa, conduce con una docena de cervezas en su asiento y pone el televisor tan alto que no deja dormir a los vecinos…

¿Has oído alguna vez la expresión «ciego de ira»?

Permíteme ser claro. El odio amargará tu perspectiva y quebrará tu espalda. La carga de amargura es demasiado pesada. Tus rodillas se doblarán por el esfuerzo y tu corazón se romperá bajo su peso. La montaña que tienes delante ya es bastante empinada sin el peso del odio a tus espaldas. La alternativa más sabia —la única— es que deseches la ira. Jamás tendrás que dar más gracia de la que Dios ya te ha dado.

En Manos de la Gracia

Imagínate Ver a Dios

Desde Sion te bendiga Jehová,
el cual ha hecho los cielos y la tierra.

SALMO 134.3

El escritor de Hebreos nos ofrece un artículo estilo *National Geographic* acerca del cielo. Escucha cómo describe la cumbre de Sion. Dice que cuando lleguemos a la montaña habremos arribado a «la ciudad del Dios vivo … a la compañía de muchos millares de ángeles … a la congregación de los primogénitos que están inscritos en los cielos» (Hebreos 12.22-23).

¡Qué montaña! ¿No es cierto que será grandioso ver a los ángeles? ¿Y finalmente saber cómo y quiénes son?

Imagínate la congregación de los primogénitos. Una reunión de todos los hijos de Dios. Sin celos. Sin competencia. Sin divisiones. Seremos perfectos… sin pecado.

E imagínate ver a Dios. Al fin, poder contemplar el rostro de tu Padre. Sentir sobre ti la mirada del Padre. Ninguna de las dos cosas cesará jamás.

Cuando Dios Susurra tu Nombre

Fíjate en la Majestad de Dios

A quien amáis sin haberle visto,
en quien creyendo, aunque ahora no lo veáis,
os alegráis con gozo inefable y glorioso.

1 PEDRO 1.8

Hace unos años un sociólogo acompañó a un grupo de alpinistas en una expedición. Entre otras cosas, observó una marcada correlación entre la cumbre cubierta por una nube y el contentamiento. Cuando no había nubes y el pico estaba a la vista, los alpinistas se mostraban energéticos y cooperativos. Sin embargo, cuando las nubes grises eclipsaban la vista del tope de la montaña, los alpinistas se mostraban malhumorados y egoístas.

Lo mismo sucede con nosotros. Mientras que nuestros ojos se fijan en la majestad de Dios, hay brío en nuestro caminar. Pero si dejamos que nuestros ojos se fijen en el polvo que pisamos, refunfuñamos ante cada piedra y cada grieta que tenemos que cruzar. Por esta razón Pablo exhorta: «Si, pues, habéis resucitado con Cristo, buscad las cosas de arriba, donde está Cristo sentado a la diestra de Dios. Poned la mira en las cosas de arriba, no en las de la tierra». (Colosenses 3.1-2).

La Gran Casa de Dios

Vigila la Entrada

Vuestro adversario el diablo, como león rugiente,
anda alrededor buscando a quién devorar;
al cual resistid firmes en la fe.

1 PEDRO 5.8-9

Reconozcámoslo: algunos de nuestros corazones están desordenados. Cualquiera toca a la puerta y la abrimos de par en par. La ira aparece y la dejamos entrar. La venganza busca hospedaje y le ofrecemos asiento. La lástima quiere dar una fiesta y le ofrecemos la cocina. La lujuria toca el timbre y cambiamos las sábanas. ¿No sabemos decir que no?

Muchos no. La idea de sujetar los pensamientos ni les pasa por la mente. Pensamos mucho en administrar el tiempo, controlar nuestro peso, la administración del personal y aún en el cuidado del cuero cabelludo. Pero, ¿y qué de la sujeción del pensamiento? ¿No deberíamos ocuparnos del control de nuestras ideas de la misma forma que controlamos cualquier otra cosa? Jesús lo hacía. Como un soldado adiestrado en la entrada de una ciudad, controlaba de su mente. Obstinadamente guardaba la puerta de su corazón.

Si Él lo hizo, ¿qué de nosotros?

Como Jesús

Con la Mirada Hacia lo Alto

Señor, muéstranos el Padre y nos basta.

JUAN 14. 8

La biografía de los discípulos osados comienza con capítulos de verdadero terror. Temor a la muerte. Temor al fracaso. Temor a la soledad. Temor de una vida malgastada. Temor de dejar de conocer a Dios.

La fe comienza cuando divisas a Dios sobre la montaña y te encuentras en el valle sabiendo que eres demasiado débil para escalarla. Sabes lo que necesitas, sabes lo que tienes, y lo que tienes no es suficiente para lograr nada.

Moisés tenía un mar frente a él, y un enemigo detrás. Los israelitas podían haber nadado o haber peleado. Pero ninguna alternativa era buena.

Pablo dominaba bien la Ley. Dominaba bien el sistema. Pero una mirada de Dios lo convenció de que el sacrificio y los símbolos no bastaban.

La fe que comienza con temor termina más cerca del Padre.

En el Ojo de la Tormenta

Confíale a Dios el Futuro

No se turbe vuestro corazón;
creéis en Dios, creed también en mí.

JUAN 14.1

Nuestra pequeña mente está mal equipada para manejar los conceptos de la eternidad. Cuando se trata de un mundo sin límites de espacio y tiempo, carecemos de ganchos para esos sombreros. Por consiguiente, nuestro Señor asume la postura de un padre… *Confía en mí.*

No te preocupes por el regreso de Cristo. No estés ansioso por las cosas que no puedes comprender. Para el cristiano, el regreso de Cristo no es una adivinanza para ser resuelta ni un código para ser descifrado, sino más bien un día que anhelamos.

Cuando Cristo Venga

En los Brazos de Dios

Y todo aquél que vive y cree en mí,
no morirá eternamente.

JUAN 11.26

No nos gusta decir adiós a quienes amamos. Ya sea en una escuela o en un cementerio, la separación es dura. Está bien que lloremos, pero no hay razón para la desesperanza. Ellos sentían dolor aquí. Pero no sienten dolor allá. Ellos luchaban aquí, pero no luchan allá. Tú y yo podríamos preguntarnos por qué Dios se los llevó. Pero ellos no. Ellos entienden. En este mismo instante están en paz en la presencia de Dios.

Cuando hace frío en la tierra, podemos consolarnos sabiendo que nuestros seres amados están en los cálidos brazos de Dios. Y cuando Cristo venga, podremos abrazarlos también.

Cuando Cristo Venga

Lo Mejor no ha Llegado Aún

Al que venciere, le daré una piedrecita blanca, y en la
piedrecita escrito un nombre nuevo.

APOCALIPSIS 2.17

Tiene sentido. A los padres les gusta asignar nombres especiales a sus hijos. Princesa. Tigre. Amorcito. Ángel.

¿No es increíble que Dios haya reservado un nombre solamente para ti? ¿Un nombre que ni siquiera tú conoces? Siempre hemos dado por sentado que el nombre que tenemos es el que mantendremos. No es así. El camino por delante es tan brillante que se necesita un nombre nuevo. Tu eternidad es tan especial que ningún nombre común servirá.

Así, pues, Dios tiene uno reservado exclusivamente para ti. A tu vida le aguarda más de lo que jamás imaginaste. A tu historia le falta más de lo que has leído.

Y por lo tanto te lo ruego... Asegúrate de estar allí cuando Dios susurre tu nombre.

Cuando Dios Susurra tu Nombre

Reconstrucción Radical

*Gozaos y alegraos, porque vuestro
galardón es grande en los cielos.*

MATEO 5.12

En el Sermón del Monte, Jesús no promete
un artilugio para que se te pongan los pelos de
punta, ni una actitud mental que tenga que ser
estimulada en reuniones de apoyo. No. Mateo 5 describe la reconstrucción radical divina del corazón.

Mira la secuencia. Primero, reconocemos nuestra necesidad (somos pobres en espíritu). Después
nos arrepentimos de nuestra autosuficiencia (llo-
ramos). Dejamos de tomar las decisiones y cedemos
el mando a Dios (somos mansos). Tan agradecidos
estamos por su presencia que anhelamos más de Él
(tenemos hambre y sed). Al acercarnos a Él, nos
parecemos más a Él. Perdonamos a otros (somos
misericordiosos). Cambiamos de perspectiva (somos
limpios de corazón). Amamos (somos pacificadores).
Sufrimos injusticias (somos perseguidos).

No es un cambio de actitud incidental. Es la
demolición de la vieja estructura y la creación de una
nueva. Mientras más radical el cambio, mayor el
gozo. Y vale la pena, porque es el gozo de Dios.

El Aplauso del Cielo

Dios Sabe lo que Hace

Por tanto, yo hablaba lo que no entendía; cosas demasiado maravillosas para mí, que yo no comprendía.

JOB 42.3

Es fácil dar gracias a Dios cuando hace lo que deseamos. Pero Dios no siempre hace lo que deseamos. Pregúntale a Job.

Su imperio se vino abajo, le mataron a sus hijos, y lo que era un cuerpo saludable se convirtió en un montón de llagas … ¿De dónde vino este torrente? ¿De dónde vendrá alguna ayuda?

Job va directamente a Dios y plantea su caso. Le duele la cabeza. Le duele el cuerpo. Le duele el corazón.

Y Dios responde. No con respuestas sino con preguntas. Un mar de preguntas.

Después de varias docenas de preguntas, Job ha captado la onda. ¿En qué consiste?

El punto es este: Dios no le debe nada a nadie. No hay razones. No hay explicaciones. Nada. Si las diera, no podríamos entenderlas.

Dios es Dios. Sabe lo que hace. Cuando no puedas ver su mano, confía en su corazón.

La Biblia de Estudio Inspiradora

El Gerente del Cielo

Sobre toda cosa guardada, guarda tu corazón;
porque de él mana la vida.

PROVERBIOS 4.23

Dios quiere que pensemos y actuemos como Jesucristo (Filipenses 2.5). ¿Pero cómo? La respuesta es sorpresivamente sencilla. Podemos ser transformados si tomamos una decisión: *Someteré mis pensamientos a la autoridad de Jesús.*

Jesús afirma ser el Gerente Principal de cielo y tierra. Tiene la última palabra sobre todo, especialmente nuestros pensamientos. Tiene más autoridad, por ejemplo, que tus padres. Tus padres pueden decir que no sirves para nada, pero Jesús dice que eres valioso, y Él está por encima de cualquier padre.

Jesús también tiene autoridad sobre tus ideas. Suponte que se te ocurre robar en un mercado. Jesús, sin embargo, ha dejado bien claro que robar es malo. Si le has dado autoridad sobre tus ideas, la idea de robar no puede permanecer en tus pensamientos.

Para tener un corazón puro, debemos someter todos nuestros pensamientos a la autoridad de Cristo. Si estamos dispuestos a hacerlo, nos cambiará para que seamos como Él.

Como Jesús

Victoria Sobre la Muerte

¿Dónde está, oh muerte tu aguijón?
¿Dónde, oh sepulcro, tu victoria?

1 CORINTIOS 15. 55

El fuego que encendió la caldera de la iglesia del Nuevo Testamento fue una inquebrantable creencia de que si Jesús hubiera sido solamente un hombre, habría permanecido en la tumba. Los primeros cristianos no podían permanecer callados sobre el hecho de que aquel a quien vieron colgado de una cruz caminó otra vez sobre la tierra y apareció a quinientas personas.

Vamos a rogar a nuestro Padre, humildemente (aunque confidencialmente en el nombre de Jesús) que nos recuerde la tumba vacía. Veamos al victorioso Jesús: el conquistador de la tumba, el que desafió a la muerte. Y recordemos que a nosotros, también, se nos concederá esa misma victoria.

Caminata con el Salvador

Dios, Nuestro Padre

> *Acuérdate, oh Jehová, de tus piedades y de tus*
> *misericordias, que son perpetuas.*
>
> SALMO 25.6

Recientemente, mi hija Jenna y yo pasamos varios días en la antigua ciudad de Jerusalén. Una tarde, al salir de la puerta de Gaza, nos encontramos detrás de una familia judía ortodoxa, un padre y sus tres hijitas. Una de ellas, tal vez de cuatro o cinco años de edad, se atrasó unos cuantos pasos y no podía ver al padre. «¡Abba!», gritó ella, llamándolo. Él la localizó e inmediatamente le tendió la mano…

Cuando cambió la señal de tránsito, la guió a ella y a sus hermanas a través de la intersección. En medio de la calle, él se agachó y la cargó en brazos y continuó su camino.

¿No es esto lo que todos necesitamos? Un abba que oiga cuando lo llamamos. Que nos lleve de la mano cuando nos sentimos débiles. Que nos guíe a través de la turbulenta intersección de la vida. ¿No necesitamos todos un abba que nos tome en brazos y nos lleve a casa? Todos necesitamos un padre.

La Gran Casa de Dios

Octubre

Hemos conocido y creído el amor que Dios tiene para con nosotros.

—1 JUAN 4.16

Una Bendición Diaria

*Para que [Dios] os dé, conforme a las riquezas
de su gloria, el ser fortalecidos con poder
en el hombre interior por su Espíritu.*

EFESIOS 3.16

He aquí una escena repetida miles de veces diariamente en Brasil...

Es muy temprano en la mañana. Es la hora de que el joven Marcos salga para la escuela. Luego de tomar sus libros y dirigirse a la puerta, se detiene junto a la silla donde está su padre. Se acerca a su cara y le pregunta: ¿Benção, Pai? (¿La bendición, padre?)

El padre alza la mano y le responde, Deus te abençoe, meu filho (Dios te bendiga, hijo mío).

Padre e hijo hacen su salida cotidiana, una bendición solicitada, una bendición gustosamente otorgada...

Nosotros debemos hacer lo mismo. Como el niño que anhela el favor del padre, cada uno de nosotros necesita un recordatorio diario del amor de nuestro Padre celestial.

31 Días de Bendición

Una Vida de Servicio

*Así nosotros, siendo muchos, somos un cuerpo
en Cristo, y todos miembros los unos de los otros.*

ROMANOS 12.5

Dios nos ha enrolado en su armada y nos ha colocado en su buque. La embarcación tiene un propósito: llevarnos sanos y salvos a la otra orilla.

Este no es un barco de paseo: es un buque de guerra. No se nos ha llamado a una vida de placer, sino a una vida de servicio. Todos tenemos una tarea diferente. Algunos, preocupados por los que se ahogan, sacan personas del agua. Otros se ocupan del enemigo, y manejan los cañones de la oración y adoración. Otros se dedican a alimentar y a adiestrar a los miembros de la tripulación.

Aún cuando somos diferentes, somos iguales. Todos pueden hablar de un encuentro personal con el capitán, porque todos han recibido una llamada personal.

Todos le seguimos por la pasarela de su gracia hacia la misma embarcación. Hay un solo capitán y un único destino. La batalla es feroz, pero el buque está seguro, porque nuestro capitán es Dios. El buque no se hundirá. De eso no hay preocupación.

En Manos de la Gracia

El Más Alto Sueño de Dios

En esto consiste el amor: no en que nosotros hayamos
amado a Dios, sino en que él nos amó a nosotros, y envió
a su hijo en propiciación por nuestros pecados.

1 JUAN 4.10

Hemos intentado alcanzar la luna, pero a duras penas hemos alzado el vuelo. Hemos tratado de atravesar a nado el Atlántico, pero ni siquiera pudimos alejarnos de los arrecifes. Hemos intentado escalar el Everest de la salvación, pero ni siquiera hemos dejado el campamento base, ni mucho menos ascendido sus laderas. La búsqueda es sencillamente demasiado grande; no necesitamos más equipo, ni músculo, ni técnica: necesitamos un helicóptero.

¿Puedes escucharlo sobrevolando?

Dios tiene su manera de *justificar* a la gente (lee Romanos 5.21). Cuán vital es que abracemos esta verdad. El sueño más alto de Dios no es hacernos ricos, ni hacernos triunfadores, ni populares ni famosos. El sueño de Dios es justificarnos ante Él.

En Manos de la Gracia

La Entrada a Tu Corazón

El ocuparse de la carne es muerte,
pero el ocuparse del Espíritu es vida y paz.

ROMANOS 8.6

Tu corazón es un invernadero fértil, listo para producir buenos frutos. Tu mente es la entrada a tu corazón, el sitio estratégico donde determinas qué semillas van a sembrarse y cuáles serán desechadas. El Espíritu Santo está listo para ayudarte a manejar y a filtrar los pensamientos que traten de entrar. Él puede ayudarte a guardar tu corazón.

Él está contigo junto al umbral. Un pensamiento se acerca, un pensamiento cuestionable. ¿Abres las puertas de par en par y lo dejas entrar? Por supuesto que no. Tú llevas «cautivo todo pensamiento a la obediencia de Cristo» (2 Corintios 10.5). No dejas la puerta desguarnecida. Te equipas de esposas y grilletes, listo para capturar cualquier pensamiento no apto para entrar.

Como Jesús

Necesitamos un Gran Salvador

[Pedro] dio voces diciendo:
¡Señor sálvame! Al momento Jesús,
extendiendo la mano, asió de él.

MATEO 14.30-31

Nos acercamos a Cristo en el momento de profunda necesidad. Abandonamos la nave de las buenas obras… Comprendemos, como lo hizo Pedro, que abarcar la separación entre nosotros y Jesús es una proeza demasiado grande para nosotros. Entonces suplicamos ayuda. Escuchamos su voz. Y nos vamos con temor, esperando que nuestra poca fe sea suficiente.

La fe es un lanzamiento desesperado desde la embarcación del esfuerzo humano, y una oración rogando que Dios esté allí para sacarnos del agua. Pablo escribió acerca de esta clase de fe:

«Por gracia sois salvos por medio de la fe; y esto no de vosotros, pues es don de Dios; no por obras, para que nadie se gloríe» (Efesios 2. 8-9).

En el Ojo de la Tormenta

Al Entrar en Su Presencia

Para mí el vivir es Cristo y el morir es ganancia.

FILIPENSES 1.21

Así como un padre necesita saber si su hijo está seguro en la escuela, nosotros anhelamos saber que nuestros seres amados están seguros en la muerte. Anhelamos la confirmación de que el alma va inmediatamente a estar con Dios. ¿Pero nos atrevemos a creerlo? ¿Podemos creerlo? De acuerdo con la Biblia, podemos.

La Biblia es sorprendentemente silenciosa sobre esta fase de nuestra vida. Cuando se refiere a la etapa entre la muerte del cuerpo y la resurrección del mismo, no habla en alta voz; simplemente susurra. Pero en la confluencia de esos susurros, se escucha una voz firme. Esa voz autoritaria nos asegura que, al morir, el cristiano entra inmediatamente en la presencia de Dios y goza de un compañerismo consciente con el Padre y con los que han partido antes.

Cuando Cristo Venga

El Tiempo Se Escurre

*A todos los que anden conforme a esta regla, paz y
misericordia sea a ellos, y al Israel de Dios.*

GÁLATAS 6.16

A medida que envejecemos, nuestra visión
debe mejorar. No nuestra visión terrenal, sino nuestra visión celestial. Las personas que han dedicado su
vida a la búsqueda del cielo saltan peldaños en su
andar cuando la ciudad entra en el campo visual.
Después que Miguel Ángel murió, alguien encontró
en su estudio un pedazo de papel en el cual había
escrito una nota para su aprendiz. Con la caligrafía
de su vejez el gran artista escribió: «Dibuja, Antonio,
dibuja, y no desperdicies el tiempo».

Urgencia bien fundamentada, Miguel Ángel. El
tiempo se escurre. Los días pasan. Los años se
desvanecen. Y la vida se acaba. Y lo que vinimos a
realizar debe concretarse mientras aún haya tiempo.

Todavía Remueve Piedras

Alaba a Dios

Ofrezcamos siempre a Dios ... sacrificio de alabanza.

HEBREOS 13.15

 Eres un gran Dios.

Tu carácter es santo.

Tú verdad es absoluta.

Tu fuerza es infinita.

Tu castigo es justo…

Tus provisiones son abundantes para nuestras necesidades.

Tu luz es adecuada para nuestra senda.

Tu gracia basta para nuestros pecados…

Nunca llegas temprano ni tarde.

Enviaste a tu Hijo en la plenitud de los tiempos y regresarás en la consumación de los siglos.

Tu plan es perfecto.

Asombroso. Incomprensible. Preocupante.

Pero perfecto.

«Nos Hizo Recordarte»
(Una oración por un amigo)

Un Hogar para Tu Corazón

El que habita al abrigo del Altísimo,
morará bajo la sombra del Omnipotente.

SALMO 91.1

Probablemente hayas pensado poco en buscar casa para tu alma. Construimos casas bien elaboradas para nuestros cuerpos, pero nuestras almas quedan relegadas a una choza de campo donde los vientos nocturnos nos congelan y la lluvia nos empapa. ¿Sorprende acaso que el mundo esté tan lleno de corazones fríos?

No tiene que ser de esta manera. No tenemos que vivir a la intemperie. Dios no planeó que tu corazón anduviese errante como un beduino. Dios quiere que entres, te alejes del frío y que vivas con Él. Bajo su techo hay espacio disponible. En su mesa hay un plato preparado. En su sala de espera hay un cómodo sillón reservado exclusivamente para ti. Y quiere que residas en su casa. ¿Por qué querrá compartir su casa contigo?

Sencillo: es tu Padre.

La Gran Casa de Dios

Ansiosa Espera

El día del Señor vendrá como ladrón en la noche; en el cual los cielos pasarán con grande estruendo … Puesto que todas estas cosas han de ser deshechas, ¡cómo no debéis vosotros andar en santa y piadosa manera de vivir!

2 PEDRO 3.10-11

¿Qué clase de personas debemos ser? Buena pregunta. Pedro nos dice: «Debéis vivir vidas santas y servir a Dios mientras esperáis y ansiáis la llegada del día de Dios» (versículos 11 y 12).

La esperanza en el futuro no nos da licencia para ser irresponsables en el presente. Esperemos ansiosamente, pero esperemos.

Pero para la mayoría la espera no es el problema. O quizás debo decir que la espera sí es el problema. Somos tan buenos esperando que no esperamos *ansiosamente*. Olvidamos mirar. Estamos demasiado conforme. Rara vez escrutamos los cielos. Rara vez, si acaso, permitimos al Espíritu Santo que interrumpa nuestros planes y nos conduzca a la adoración para que podamos ver a Jesús.

Cuando Cristo Venga

Cómo Encontrar lo Bueno en lo Malo

Bendecid a los que os persiguen; bendecid y no maldigáis.

ROMANOS 12.14

Sería difícil hallar a alguien peor que Judas. Algunos dicen que era un buen hombre con una estrategia que le salió mal. Yo no acepto eso. La Biblia dice: «Judas … era ladrón» (Juan 12.6). Era un villano. Vivió en la presencia de Dios y contempló los milagros de Cristo y permaneció sin cambiar. Al final prefirió tener dinero a tener un amigo, y vendió a Jesús por treinta piezas de plata… Judas era un pillo, un tramposo, y un pobre diablo. ¿Cómo podría alguien considerarlo de otra manera?

Yo no sé, pero Jesús lo consideró así. A solo centímetros del rostro de quien lo traicionaba, Jesús lo miró y le dijo: «Amigo, ¿a qué vienes?» (Mateo 26.50). No puedo imaginar lo que Jesús vio en Judas para considerarlo digno de llamarlo amigo. Pero sí sé que Jesús no miente, y en ese momento vio algo bueno en un hombre tan malo.

Él puede ayudarnos a hacer lo mismo con aquellos que nos ofenden.

Como Jesús

Un Padre Fiel

Dios de verdad, sin ninguna
iniquidad en él; es justo y recto.

DEUTERONOMIO 32.4

Reconocer a Dios como Señor es conceder que es soberano y supremo en el universo. Aceptarlo como Salvador es aceptar el don de salvación que ofreció en la cruz. Considerarlo Padre es un paso más. Idealmente, un padre es aquel que te da lo que necesitas y te protege. Esto es exactamente lo que ha hecho Dios.

Ha cubierto tus necesidades (Mateo 6.25-34).

Te ha protegido del peligro (Salmo 139.5).

Te ha adoptado (Efesios 1: 5).

Y te ha dado su nombre (1 Juan 3.1).

Dios ha demostrado ser un padre fiel. Ahora nos toca a nosotros ser hijos confiados.

Todavía Remueve Piedras

La Voz de la Aventura

Jehová es mi luz y mi salvación;
¿de quién temeré?

Jesús dice que las opciones están claramente delineadas. Por un lado está la voz de la seguridad. Puedes encender un fuego en el hogar, permanecer adentro y mantenerte en calor y seco sin hacer esfuerzo alguno, ¿verdad? No caerás si nunca tomas una postura, ¿verdad? No perderás el equilibrio si nunca tratas de escalar, ¿verdad? De modo que no lo intentes. Toma la vía segura.

O puedes escuchar la voz de la aventura: la aventura de Dios. En lugar de encender un fuego en tu hogar, enciéndelo en tu corazón. Sigue los impulsos de Dios. Adopta al niño. Márchate allende los mares. Enseña la clase. Cambia de carrera. Aspira a un cargo. Deja huellas. Claro que hay riesgo, pero ¿en qué no?

Todavía Remueve Piedras

Llámalo Gracia

Para que justificados por su gracia,
viniésemos a ser herederos conforme
a la esperanza de la vida eterna.

TITO 3.7

Puedes ser una persona decente. Puedes pagar impuestos y besar a tus hijos y dormir con una conciencia limpia. Pero sin Cristo no eres santo. Entonces, ¿cómo puedes ir al cielo?

Solamente cree. Acepta la obra ya realizada, la obra de Jesús en la cruz.

Acepta la bondad de Jesucristo. Abandona tus propias obras y acepta la suya. Abandona tu propia decencia y acepta la suya. Preséntate delante de Dios en su nombre, no en el tuyo.

¿Lo ves fácil? No fue nada fácil. La cruz fue pesada, la sangre fue real y el precio fue exorbitante. Pero como a ti y a mí nos hubiera llevado a la bancarrota, Él pagó por nosotros. Llámalo sencillo. Llámalo un regalo. Pero no lo llames fácil.

Llámalo lo que es. Llámalo gracia.

El Trueno Apacible

Dios es tu hogar

*Dios es Espíritu; y los que lo adoran,
en espíritu y en verdad es necesario que lo adoren.*

No pienses que estás separado de Dios, Él en el tope de una gran escalera y tú en el otro extremo. Deshecha cualquier idea de que Dios está en Venus y tú en la tierra. Como Dios es Espíritu (Juan 4. 23), está a tu lado: Dios mismo es nuestro techo. Dios es nuestra pared. Y Dios es nuestro cimiento.

Moisés lo sabía. «Señor», oró, «tú has sido nuestro hogar en todas las generaciones» (Salmo 90.1, *La Biblia al Día*) ¡Qué pensamiento! ¡Dios es nuestro hogar! Hogar es el lugar donde puedes quitarte los zapatos y comer galletitas sin preocuparte de lo que piensen cuando te vean en bata de baño.

Conoces bien tu casa. Nadie tiene que decirte dónde está tu dormitorio. Así mismo puedes conocer a Dios. Con el tiempo puedes aprender adónde ir por alimento, dónde refugiarte para protección, adónde acudir para orientación. Así como tu hogar terrenal es un lugar de refugio, la casa de Dios es un lugar de paz. La casa de Dios nunca ha sido saqueada, sus paredes nunca han sido aportilladas.

La Gran Casa de Dios

Un Mapa del Tesoro

En el principio era el Verbo, y el Verbo
era con Dios, y el Verbo era Dios.

JUAN 1.1

La Biblia ha sido prohibida, quemada y ridiculizada. Los eruditos se han burlado de ella llamándola tontería. Los reyes la han declarado ilegal. Mas de mil veces han cavado la tumba, y el canto fúnebre ha empezado, pero por algún motivo la Biblia nunca se queda en la tumba. No solo ha logrado sobrevivir sino que ha alcanzado aún más éxito. Es el libro de mayor popularidad en toda la historia. ¡Es el libro de mayor venta en todo el mundo a través de los años!

No hay manera humana de explicarlo. Quizás esa es la única explicación. ¿La verdad? La perdurabilidad de la Biblia no está cimentada en la tierra, sino en el cielo. Para los millares que han probado sus afirmaciones y se han apropiado de sus promesas hay solo una respuesta: la Biblia es el libro de Dios y la voz de Dios.

El propósito de la Biblia es proclamar el plan y la pasión de Dios para la salvación de sus hijos. Por eso ha perdurado por siglos. Es el mapa de tesoro que nos guía al más alto tesoro de Dios: la vida eterna.

La Biblia de Estudio Inspiradora

La Celebración de la Salvación

*Regocijaos de que vuestros nombres
están escritos en los cielos.*

LUCAS 10.20

Según Jesús nuestras decisiones tienen un impacto termostático sobre el mundo invisible. Nuestras acciones sobre el teclado de la tierra mueven los martilletes sobre las cuerdas del piano en los cielos. Nuestra obediencia hala las sogas que hacen sonar las campanas en los campanarios celestiales. Cuando un niño llama, el oído del Padre se inclina. Y, lo más importante, cuando un pecador se arrepiente, toda otra actividad cesa y todos los seres celestiales lo celebran.

No siempre compartimos tal entusiasmo, ¿verdad que no? Al enterarte que un alma se ha salvado, ¿dejas todo lo que estás haciendo y celebras? ¿Tu día bueno se vuelve mejor o tu día pésimo se compone? Podemos sentirnos complacidos, pero ¿exuberantes?… Al salvarse un alma el corazón de Jesús transforma el cielo nocturno en un Día de la Independencia lleno de fuegos artificiales y explosiones de júbilo.

¿Puede decirse lo mismo de nosotros?

Como Jesús

El Regalo de la Sonrisa de Dios

No elevamos nuestros ruegos ante
ti confiados en nuestras justicias,
sino en tus muchas misericordias.

DANIEL 9.18

Qué bueno sería que cuando Dios sonríe y nos dice que somos salvos le diéramos una salutación, le diéramos las gracias y nos comportáramos como personas que han recibido un regalo de su comandante y jefe.

Sin embargo, rara vez lo hacemos. Preferimos obtener la salvación de la manera antigua: Ganándonosla. Aceptar la gracia es confesar que fallamos, un paso que vacilamos en dar. Preferimos impresionar a Dios tratando de convencerlo de lo bueno que somos en lugar de confesar cuán grande es Él. Nos mareamos con doctrinass. Nos apesadumbramos con normas. Pensamos que Dios sonreirá con nuestros esfuerzos.

Pero no es así.

La sonrisa de Dios no es para el excursionista saludable que se jacta de haber completado la jornada solo, sino para el leproso inválido que le ruega a Dios que lo lleve en su espalda.

En el Ojo de la Tormenta

La Confianza en el Padre

Jehová ha consolado a su pueblo,
y de sus pobres tendrá misericordia.

ISAÍAS 49.13

Si este año celebras a solas tu aniversario de bodas, Dios te habla.

Si tu hijo llegó al cielo antes de llegar al kindergarten, Dios te habla.

Si tus sueños quedaron enterrados al descender el féretro, Dios te habla.

Él nos habla a todos los que alguna vez estuvimos o estaremos parados sobre la tierra blanda junto a una tumba abierta. Y nos brinda estas palabras de confianza: «Tampoco queremos, hermanos, que ignoréis acerca de los que duermen, para que no os entristezcáis como los otros que no tienen esperanza. Porque si creemos que Jesús murió y resucitó, así también traerá Dios con Jesús a los que durmieron en él» (1 Tesalonicenses 4: 13-14).

Cuando Cristo Venga

Se Llama «Decisión»

Amando a Jehová tu Dios,
atendiendo a su voz, y siguiéndole
a él, porque él es vida para ti.

DEUTERONOMIO 30.20

Colocó un puñado de barro encima de otro hasta hacer una forma sin vida en la tierra…

Todos guardaron silencio mientras el Creador buscaba dentro de sí y sacaba algo que jamás se había visto. «Se llama "decisión". La semilla de la decisión».

En el interior del hombre, Dios había colocado una semilla divina. Una semilla de *su mismo ser*. El Dios de poder había creado lo más poderoso de la tierra. El Creador había creado, no a una criatura, sino a otro creador. Y aquel que había escogido amar, había creado uno que podía amar en reciprocidad.

Ahora nos toca a nosotros tomar la decisión.

En el Ojo de la Tormenta

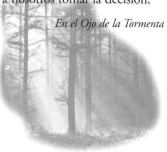

Haz Algo

La fe sin obras está muerta.

SANTIAGO 2.26

La fe no es la creencia de que Dios hará lo que uno quiere. La fe es creer que Dios hará lo que es correcto. Dios siempre está cercano y disponible. Solamente espera por tu toque. Así es que, déjale saber. Demuestra tú devoción.

Escribe una carta.

Pide perdón.

Bautízate.

Da de comer al hambriento.

Ora.

Enseña

Ve.

Haz algo que demuestre tu fe. Porque la fe sin esfuerzo no es fe en lo absoluto. *Dios responderá.* Nunca ha rechazado un gesto de fe genuino. Nunca.

Todavía Remueve Piedras

Una Clara Perspectiva de Dios

*Si anduviere yo en medio de
la angustia, tú me vivificarás.*

SALMO 138.7

Hay una ventana en tu corazón a través de la cual puedes ver a Dios. Hubo una vez en que esa ventana era transparente. Tu visión de Dios era clara. Podías ver a Dios tan vívidamente como podías ver un hermoso valle o una colina.

Entonces, de pronto, la ventana se quebró. Una piedra rompió la ventana. Una piedra de dolor.

Y de repente ya no fue tan fácil ver a Dios. La vista que había sido tan clara había cambiado.

Estabas confundido. Dios no podía permitir que algo como esto sucediera, ¿verdad?

Cuando no lo puedas ver, confía en él... Jesús está más cerca de lo que jamás soñaste.

En el Ojo de la Tormenta

Dos Palabras

Al que venciere y guardare mis obras hasta el fin,
yo le daré autoridad sobre las naciones.

APOCALIPSIS 2.26

Piensa por un momento en esta pregunta: ¿Qué si Dios no estuviere aquí en la tierra? Si piensas que la gente puede ser cruel ahora, imagínate cómo seríamos sin la presencia de Dios. Crees que somos brutales el uno contra el otro, imagínate el mundo sin el Espíritu Santo. Piensas que hay soledad, desesperación y sentido de culpabilidad ahora, imagínate la vida sin el toque de Jesús. Sin perdón. Sin esperanza. Sin actos de bondad. Sin palabras de amor. No más alimentos ofrecidos en su nombre. No más himnos cantados para su alabanza. No más obras realizadas en su honor. Si Dios se lleva sus ángeles, su gracia, su promesa de la eternidad y sus servidores ¿cómo sería el mundo?

Dos palabras, un infierno.

Como Jesús

Lo Que Guarda el Cielo

Hay gozo delante de los ángeles de
Dios por un pecador que se arrepiente.

LUCAS 15.10

¿Por qué Jesús y sus ángeles se regocijan por un pecador que se arrepiente? ¿Será que ven algo que nosotros no vemos? ¿Sabrán algo que no sabemos? Absolutamente. Saben lo que el cielo guarda.

El cielo está poblado de personas que dejaron que Dios las cambiara. Las discusiones cesan, porque los celos no existen. La sospecha no se asoma, porque allí no hay secretos. Todo pecado ha desaparecido. Toda inseguridad está olvidada. Todo temor es cosa del pasado. Puro trigo. Nada de hierba mala. Oro puro, sin mezcla. Amor puro, sin lujuria. Esperanza pura. Ningún temor. Con razón los ángeles se regocijan cuando un pecador se arrepiente; saben que otra obra de arte adornará pronto la galería de Dios. Saben lo que guarda el cielo.

Como Jesús

Para Dios no Hay Secretos

Si alguno está en Cristo, nueva criatura es;
las cosas viejas pasaron; he aquí
todas son hechas nuevas.

2 Corintios 5. 17

¿Has estado allí? ¿Has sentido el suelo de la convicción ceder bajo tus pies? El borde se derrumba, tus ojos se ensanchan y te vas abajo. *¡Cataplum!*

¿Qué haces? Cuando caemos, podemos restarle importancia. Podemos negarlo. Podemos distorsionarlo. O podemos darle frente a la situación.

Con Dios no se pueden tener secretos. La confesión no es decirle a Dios lo que hicimos. Él ya lo sabe. La confesión es sencillamente convenir con Dios que nuestros actos fueron errados…

¿Cómo va a sanar Dios lo que negamos? ¿Cómo perdonarnos cuando no confesamos nuestra culpa? Ah, ahí está la famosa palabra: *culpa* ¿No es eso lo que intentamos evitar? Culpa. ¿No es eso lo que detestamos? ¿Pero es tan malo ser culpable? ¿Qué implica la culpa sino que conocemos la diferencia entre lo malo y lo bueno, que aspiramos a ser mejores? La culpa es eso: un sincero remordimiento por decirle a Dios una cosa y hacer otra.

El Trueno Apacible

Un Manso Cordero

En el amor no hay temor,
sino que el perfecto amor echa fuera el temor.

1 JUAN 4.8

Muchos vivimos con el oculto temor de que Dios está enojado con nosotros. En algún lugar, alguna vez, en alguna clase de escuela dominical o programa de televisión nos convencieron de que Dios tenía un látigo colgado del hombro, una paleta en el bolsillo trasero, y que nos va a dar con todo si sobrepasamos la línea.

¡Ningún concepto puede ser más equivocado! El Padre de nuestro Salvador nos estima mucho y solamente desea impartirnos su amor.

Tenemos un Padre que rebosa de compasión, un Padre tan sensible que sufre cuando sus hijos sufren. Servimos a un Dios que dice que aún cuando estemos presionados y sintamos que nada nos sale bien, Él nos espera para abrazarnos hayamos triunfado o no.

El no llega a nosotros peleando ni forzando su entrada en nuestro corazón. Llega a nuestro corazón como un manso cordero, no como un león rugiente.

Caminata con el Salvador

La Fidelidad de Dios

*Mi Dios, pues, suplirá todo lo que os falta
conforme a sus riquezas en gloria en Cristo Jesús.*

FILIPENSES 4.19

La fidelidad de Dios nunca ha dependido de la fidelidad de sus hijos. Él es fiel aunque nosotros no lo seamos. Cuando nos falta valor, a Él no. Él ha hecho historia usando a las personas a pesar de lo que son.

¿Necesitas un ejemplo? La alimentación de los cinco mil. Este es el único milagro, aparte de los de la última semana, que aparece en los cuatro Evangelios. ¿Por qué los cuatro escritores consideraron valioso repetirlo? … Quizás querían mostrar que Dios no se da por vencido, aun cuando los suyos lo hagan.

Cuando los discípulos no oraban, Jesús oraba, Cuando los discípulos no veían a Dios, Jesús buscaba a Dios. Cuando los discípulos eran débiles, Jesús era fuerte. Cuando los discípulos no tenían fe, Jesús tenía fe.

Sencillamente pienso que Dios es más grande que nuestras debilidades. Pienso que nuestra debilidad revela la grandeza de Dios.

Dios es fiel aún cuando sus hijos no lo son.

El Trueno Apacible

Un Corazón Como el Suyo

*De aquí en adelante a nadie
conocemos según la carne.*

2 CORINTIOS 5.16

Pide a Dios que te ayude a tener su visión eterna del mundo. Su visión de la humanidad es rigurosamente simple. Desde su perspectiva toda persona está:

Entrando por la puerta estrecha o por la puerta ancha (Mateo 7.13-14).

Rumbo al cielo o rumbo al infierno (Marcos 16.15-16).

Nuestro libro de cuentas, sin embargo, está repleto de columnas innecesarias. ¿Es él rico? ¿Es ella bonita? ¿Qué trabajo hace él? ¿De qué color tiene ella su piel? ¿Tiene ella un título universitario? Estas cuestiones son irrelevantes para Dios.

¡Tener un corazón igual al de Dios es mirar el rostro de los que son salvos y regocijarse! Están solamente a una tumba de distancia de ser igual a Jesús. Tener un corazón igual al suyo es mirar el rostro de los perdidos y orar. Pues a menos que cambien, están a una tumba de distancia del tormento.

Como Jesús

Un Plato de Experiencias

Sé los pensamientos que tengo acerca de vosotros, dice
Jehová, pensamientos de paz, y no de mal.

JEREMÍAS 29.11

Anoche, durante el culto familiar, llamé a mis hijas a la mesa y coloqué un plato frente a cada una. En el centro coloqué diferentes alimentos: frutas, algunas verduras crudas y galletitas. «Todos los días», les expliqué, «Dios nos prepara un plato de experiencias. ¿Qué tipo de platos disfrutan más?»

La respuesta les fue fácil. Sara puso tres galletitas en su plato. Algunos días son así, ¿verdad? Algunos días son «días de tres galletitas». Muchos no. Algunas veces nuestro plato solamente tiene verduras: veinticuatro horas de apio, zanahoria y calabaza. Aparentemente Dios sabe que necesitamos algo de fortaleza, y aunque la porción puede ser difícil de tragar, ¿acaso no es para nuestro propio bien? Sin embargo, la mayoría de los días tienen un poco de todo.

La próxima vez que tu plato tenga más brócoli que pastel de manzanas, recuerda quién preparó la comida. Y la próxima vez que tu plato tenga una porción que encuentres difícil de tragar, habla con Dios sobre el asunto. Jesús lo hizo.

La Gran Casa de Dios

Solo Amor Encontrarás

*Hemos conocido y creído el amor que Dios tiene
para con nosotros. Dios es amor; y el que permanece
en amor, permanece en Dios, y Dios en él.*

1 JUAN 4.16

El agua debe ser húmeda. El fuego debe ser caliente. Uno no puede quitarle la humedad al agua y seguir teniendo agua. Uno no puede quitarle el calor al fuego y seguir teniendo fuego.

Del mismo modo, no podemos quitarle el amor a Dios y pretender que siga existiendo. Porque Dios fue y es amor.

Examínalo bien a fondo. Explora cada rincón. Investiga cada ángulo. Solamente encontrarás amor. Vete al principio de cada decisión que Él haya tomado y lo encontrarás. Vete al final de cada historia que haya contado y lo verás.

Amor.

Ni amargura. Ni mal. Ni crueldad. Solo amor. Amor intachable. Amor apasionado. Vasto y puro amor. Él es amor.

En el Ojo de la Tormenta

Todo el Mundo lo Verá

Si me fuere y os preparare lugar, vendré otra vez,
y os tomaré a mi mismo, para que donde
yo estoy, vosotros también estéis.

JUAN 14.3

Algún día, según Cristo, Él nos libertará. El regresará.

En un abrir y cerrar de ojo, tan rápido como el relámpago corre de este a oeste, Él regresará. Y todo el mundo lo verá. Tú y yo lo veremos. Los cuerpos empujarán el polvo y romperán la superficie del mar. La tierra temblará, el cielo rugirá, y los que no lo conocen se estremecerán. Pero en aquella hora no temerás, porque lo conoces.

Cuando Cristo Venga

Noviembre

Y conoceréis la verdad,
y la verdad os hará libres.

—JUAN 8.32

Tómale la Palabra a Jesús

*En todas estas cosas somos más que vencedores
por medio de aquél que nos amó.*

ROMANOS 8.37

En lo que se refiere a lograr por nosotros mismos la salud espiritual, no hay probabilidades. Es como que se nos dijera que saltáramos sobre la luna con garrocha. No tenemos lo que se necesita para sanarnos. Nuestra única esperanza es que Dios haga por nosotros lo que hizo por aquel hombre en Betesda: Que salga del templo y entre en nuestra celda de dolor y desamparo.

Lo cual es exactamente lo que ha hecho...

Tomémosle la palabra a Jesús...

Cuando dice que somos perdonados, descarguemos nuestra culpa.

Cuando dice que valemos, creámosle.

Cuando dice que nos da lo que necesitamos, dejemos de preocuparnos.

Los esfuerzos de Dios son más fuertes cuando nuestros esfuerzos son inútiles.

Todavía Remueve Piedras

El Pecador Queda Libre

Y conoceréis la verdad,
y la verdad os hará libres.

JUAN 8.32

Piensa. El pecado te puso en prisión. El pecado te encerró detrás de las barras de la culpa y la vergüenza, de la decepción y el temor. El pecado no hizo otra cosa que encadenarte al muro de la miseria. Entonces apareció Jesús y pagó tu fianza. Cumplió tu condena; pagó la pena y te libertó. Cristo murió, y cuando uno se entrega a Él, el viejo yo muere también.

La única manera de quedar libre de la prisión del pecado es cumplir la sentencia. En este caso la sentencia es la muerte. Alguien tiene que morir, ya seas tú o un sustituto celestial. Tú no puedes abandonar la prisión a menos que haya una muerte. Esa muerte ocurrió en el Calvario. Y cuando Jesús murió, tú moriste a las demandas del pecado en tu vida. Eres libre.

En Manos de la Gracia

¿Estás Escuchando?

Todo aquel que pide, recibe; y el que busca, halla; y al
que llama, se le abrirá.

MATEO 7.8

Hubo una vez un hombre que retó a Dios a
que hablara. *Haz arder la zarza como hiciste con
Moisés, y te seguiré. Derriba los muros como hiciste con
Josué, y pelearé. Calma las olas, como lo hiciste en
Galilea, y te escucharé.*

Y el hombre se sentó junto a la zarza, cerca de
un muro, a la orilla del mar, y esperó a que Dios le
hablara.

Y Dios escuchó al hombre y contestó. Envió
fuego, no a una zarza, sino a una iglesia. Derribó un
muro, no de ladrillo, sino de pecado. Calmó una tormenta, no del mar, sino del alma.

Y Dios esperó a que el hombre respondiera. Y
esperó… y esperó.

Pero como el hombre miraba zarzas, no corazones; ladrillos y no vidas; mares y no almas, llegó a
la conclusión de que Dios no había hecho nada.

Finalmente miró a Dios y le preguntó: *¿Has perdido tu poder?*

Y Dios lo miró y le dijo: *¿Te has quedado sordo?*

El Trueno Apacible

Corramos la Carrera

*Corramos con paciencia
la carrera que tenemos por delante.*

HEBREOS 12.1

La palabra *carrera* es del griego *agon*, de donde se deriva la palabra *agonía*. La carrera cristiana no es una marcha al trote, sino más bien una exigente y agotadora carrera, algunas veces agonizante, que requiere un enorme esfuerzo para terminar bien.

Probablemente has notado que muchos no corren. Seguramente has observado que hay muchos a la orilla de la pista. Solían correr. Hubo un tiempo en que mantenían el ritmo, pero los venció el cansancio. No esperaban que la carrera fuera tan rigurosa…

Por contraste, la mayor tarea de Jesús fue su tarea final, y su paso más fuerte fue el último paso. Nuestro Maestro es el clásico ejemplo de uno que logró perdurar… Él pudo haber abandonado la carrera, pero no lo hizo.

Como Jesús

Ya Está Todo Explicado

Cuando veo los cielos, obra de tus dedos,
la luna y las estrellas que tú formaste, digo,
¿qué es el hombre para que tengas de él memoria?

SALMO 8.3–4

Comprendemos cómo las tormentas se forman. Cartografiamos los sistemas solares y trasplantamos corazones. Medimos las profundidades de los océanos y enviamos señales a planetas distantes. Hemos estudiado el sistema y estamos aprendiendo su funcionamiento.

Y, para algunos, la pérdida de misterio ha conducido a la pérdida de majestad. Mientras más sabemos, menos creemos. Es extraño, ¿no? El conocimiento de su funcionamiento no debería dejar de maravillarnos. Debería estimularlo. ¿Quién tiene más razones para adorar que el que ha visto las estrellas?

Irónicamente, mientras más sabemos, menos adoramos. Nos impresiona más el descubrimiento del interruptor de la luz que al que inventó la electricidad… En lugar de adorar al Creador, adoramos la creación (lee Romanos 1.25).

No es de asombrarse que no haya asombro. Ya lo tenemos todo explicado.

En Manos de la Gracia

El Alto Costo de Ajustar Cuentas

No os venguéis vosotros mismos, amados míos,
sino dejad lugar a la ira de Dios.

ROMANS 12:19

¿Has visto en las películas cómo el cazador de recompensas anda solo? Claro. ¿Quién desea andar con un tipo que ajusta cuentas para ganarse la vida? ¿Quién desea correr el riesgo de caerle mal un día? Mas de una vez he oído a alguien expresarse con ira. Él creía que yo lo estaba escuchando, pero en realidad pensaba: *Ojalá que yo nunca esté en su lista.* Gente cascarrabias, estos cazadores de recompensas. Es mejor dejarlos. Anda con un iracundo y recibirás una bala extraviada.. El ajuste de cuentas es una ocupación solitaria, además de poco saludable.

Si te dedicas a ajustar cuentas, nunca descansarás. No puedes, Por una parte, tu enemigo podría no pagarte nunca. Por mucho que creas que mereces una disculpa, tu deudor podría no estar de acuerdo. El racista podría no arrepentirse nunca. El chauvinista podría no cambiar. Por muy justificado que te sientas en tu búsqueda de la venganza, quizás nunca obtengas un céntimo de justicia. Y si lo obtienes, ¿sería suficiente?

La Gran Casa de Dios

Dios Te Ama Profundamente

Nosotros le amamos a él, porque él nos amó primero.

1 JUAN 4.19

Como no tiene límites de tiempo, nos observa a todos. Desde los bosques rurales de Virginia hasta los distritos comerciales de Londres; desde los vikingos hasta los astronautas; desde los cavernícolas hasta los reyes. Ya seamos construye-chozas, buscafaltas o levantamuros, nos ve. Vagabundos y granjas como somos, nos vio desde antes de que naciéramos.

Y ama lo que ve. Inundado de emoción. Lleno de orgullo, el Creador de las estrellas se dirige a cada uno de nosotros, uno por uno, y nos dice: «Eres mi hijo. Te amo profundamente. Estoy consciente de que algún día te rebelarás y te alejarás de mí. Pero quiero que sepas que ya he preparado tu regreso».

En Manos de la Gracia

Firme Hasta el Final

Considerad a aquel que sufrió tal contradicción
de pecadores contra sí mismo, para que vuestro
ánimo no se canse hasta desmayar.

HEBREOS 12.3

El cielo no le era ajeno a Jesús. Él es la única persona que vivió en la tierra *después* de haber vivido en el cielo. Como creyentes, tú y yo viviremos en el cielo después de un tiempo en la tierra, pero Jesús hizo exactamente lo contrario. Conoció el cielo antes de venir a la tierra. Sabía lo que le esperaba a su regreso. Y saber lo que le esperaba en el cielo lo capacitó para soportar la vergüenza en la tierra.

«Por el gozo puesto delante de él sufrió la cruz, menospreciando el oprobio» (Hebreos 12.2). En sus momentos finales, Jesús se concentró en el gozo que Dios puso delante de Él. Se concentró en el galardón del cielo. Por concentrarse en el galardón, pudo no solamente terminar la carrera sino terminarla bien.

Como Jesús

Un Dios Compasivo

El cual nos consuela en todas nuestras tribulaciones,
para que podamos también nosotros consolar a
los que están en cualquier tribulación.

2 CORINTIOS 1.4

Los sentimientos de mi hija están heridos. Le digo que para mí es especial.

Mi hija está lastimada. Hago lo que sea para que se sienta mejor.

Mi hija tiene miedo. No me duermo hasta que se sienta segura.

No soy un héroe: Soy padre. Cuando un hijo siente dolor, un padre hace lo que le nace: Ayudar.

¿Por qué no permito que mi Padre haga por mí lo que estoy más que dispuesto a hacer por mis propios hijos?

Estoy aprendiendo. Ser padre me está enseñando que cuando me critican, me hieren o me asustan, hay un Padre que está dispuesto a consolarme. Hay un Padre que me sostendrá hasta que me sienta mejor, me ayudará hasta que pueda convivir con el dolor, y quien no se dormirá cuando sienta temor de despertarme y ver la oscuridad.

Jamás..

El Aplauso del Cielo

El Veredicto

Jesús le dijo: Ni yo te condeno;
vete, y no peques más.

JUAN 8.11

Si alguna vez te has preguntado cómo reacciona Dios cuando fallas, pon en un marco las palabras de este versículo y cuélgalo de la pared. Léelas y estúdialas…

O mejor aún, llévalas contigo a lo más profundo de tu vergüenza. Invita a Cristo a que te acompañe… a que esté junto a ti mientras le vuelves a contar lo que sucedió en las noches más oscuras de tu alma.

Y entonces escucha. Escucha con toda atención. Él está hablando: «No te condeno».

Y observa. Observa con mucha atención. Está escribiendo. Está dejando un mensaje. No en la arena, sino sobre una cruz.

No con su mano, sino con su sangre.

Su mensaje consta de una palabra: Absuelto.

Todavía Remueve Piedras

Él Usó Nuestro Manto

Estos han lavado sus ropas, y las han emblanquecido en la sangre del cordero.

APOCALIPSIS 7.14

Dios tiene solamente un requisito para la entrada al cielo: que estemos revestidos de Cristo.

Oye cómo describe Jesús a los habitantes del cielo: «Andarán conmigo con vestiduras blancas, porque son dignos…» (Apocalipsis 3.4).

Oye como se describe a los ancianos: «Vi sentados en los tronos a veinticuatro ancianos, vestidos de ropas blancas, con coronas de oro en sus cabezas» (Apocalipsis 4.4).

Todos están vestidos de blanco. Los santos. Los ancianos… ¿Cómo crees que está vestido Jesús? ¿De blanco?… «Estaba vestido de una ropa teñida en sangre; y su nombre es: el Verbo de Dios» (Apocalipsis 19.13).

¿Por qué no es blanca la vestidura de Cristo? ¿Por qué no está su manto sin manchas? ¿Por qué está su ropa teñida en sangre? Pablo dice simplemente: «Cristo tomó nuestro lugar» (paráfrasis de Gálatas 3.13).

Él llevó nuestro manto de pecado a la cruz.

Cuando Cristo Venga

Sinceros con Dios

El que encubre sus pecados no prosperará.

Nuestro entrenador de béisbol nos tenía prohibido estrictamente mascar tabaco. Había dos o tres jugadores que se sabía que mascaban a escondidas, y él quería hacerlos objeto de nuestra atención.

Y captó nuestra atención. Al poco tiempo todos lo habíamos probado. Una genuina prueba de hombría era dar una mascada cuando se pasaba la bolsa por el banquillo. Yo ciertamente no pretendía fallar esta prueba de hombría.

Un día acababa de meterme un poco en la boca cuando uno de los jugadores advirtió: «¡Ahí viene el entrenador!». Como no quería que me descubrieran, hice lo que era natural: me lo tragué.

Y supe el significado de la porción bíblica: «Mi cuerpo decayó por mi gemir de todo el día...» Pagué el precio de esconder mi desobediencia.

Mi cuerpo no fue creado para ingerir tabaco. Tu alma no fue creada para encubrir el pecado.

¿Puedo preguntarte algo? ¿Escondes de Dios algún secreto? Toma el consejo del jugador de tercera base con náuseas. Te sentirás mejor si lo vomitas.

En Manos de la Gracia

Cuando Damos las Gracias

Alabad a Jehová, porque él es bueno;
porque para siempre es su misericordia.

SALMO 106.1

La adoración tiene lugar cuando uno está consciente de que se le ha dado mucho más de lo que puede dar. Adorar es estar consciente de que si no fuera por su toque, estaríamos aún cojeando y sufriendo, amargados y deshechos. La adoración es la expresión medio vidriosa en la cara reseca de un peregrino del desierto al descubrir que el oasis no es un espejismo.

La adoración es la expresión de «gracias» que rehúsa ser silenciada.

Hemos tratado de hacer una ciencia de la adoración. Esto no lo podemos hacer. No lo podemos hacer, como no podemos «vender amor» ni «negociar la paz».

La adoración es un acto voluntario de gratitud ofrecido al Salvador por la persona salva, por el sanado al Sanador y por el redimido al Redentor.

En el Ojo de la Tormenta

Un Lugar para el Cansado

> *No perdáis, pues, vuestra confianza,*
> *que tiene grande galardón.*
>
> HEBREOS 10.35

¿Existe algo más frágil que una caña cascada? Observa la caña cascada a la orilla del agua. Lo que fue un tallo esbelto y fuerte de hierba ribereña, está ahora doblada e inclinada.

¿Eres tú una caña cascada? ¿Ha pasado mucho tiempo desde que te erguías orgulloso?

Entonces algo ocurrió. Te sentiste herido...

por unas palabras ásperas

por la ira de un amigo

por la traición de tu cónyuge...

Una caña cascada... La sociedad sabe qué hacer contigo... El mundo te quebrará; el mundo te eliminará.

Pero los artistas de las Escrituras proclaman que Dios no lo hará. Pintado sobre un lienzo tras otro está el tierno toque de un Creador que tiene un sitio especial para los heridos y cansados del mundo. Un Dios que es amigo del corazón herido.

Todavía Remueve Piedras

Fija los Ojos en Jesús

Alumbrando los ojos de vuestro entendimiento,
para que sepáis cuál es la esperanza
a que él os ha llamado.

EFESIOS 1.18

¿Qué quiere decir ser como Jesús? El mundo nunca ha conocido un corazón tan puro, un carácter tan impecable. Su audición espiritual era tan aguda que jamás dejó de escuchar un susurro celestial. Su misericordia era tan abundante que nunca perdió una oportunidad de perdonar. Ninguna mentira salió de sus labios ni distracción alguna empañó su visión. Tocaba cuando otros retrocedían. Persistía cuando otros renunciaban. Jesús es el modelo definitivo para toda persona. Dios te insta a fijar los ojos en Jesús. El cielo te invita a enfocar el lente de tu corazón sobre el corazón del Salvador y hacer de Él el objeto de tu vida.

Como Jesús

Dios Sabe la Respuesta

Y si alguno de vosotros tiene falta
de sabiduría, pídala a Dios

SANTIAGO 1.5

Tomás vino con dudas. ¿Lo rechazó Cristo?

Moisés tuvo sus reservas. ¿Lo mandó Dios a que se fuera a su casa?

Job tuvo sus luchas. ¿Lo evadió Dios?

Pablo tuvo sus momentos difíciles. ¿Lo abandonó Dios?

No. Dios nunca da la espalda al corazón sincero. Las preguntas difíciles no confunden a Dios. Él nos invita a que investiguemos.

Anótalo. Dios nunca rechaza al que le busca con sinceridad. Ve a Dios con tus preguntas. Puede que no encuentres todas las respuestas, pero al encontrar a Dios, conoces al que sí tiene las respuestas.

Caminata con el Salvador

La Vida Espiritual y el Espíritu

No andamos conforme a la carne,
sino conforme al Espíritu.

ROMANOS 8.4

Quizás los recuerdos de tu niñez te causan más dolor que inspiración. Las voces de tu pasado te maldijeron, te rebajaron, no te tomaron en cuenta. En aquella época creías que tal trato era lo de esperarse. Ahora ves que no es así.

Y ahora te ves intentando explicarte tu pasado. ¿Te sobrepones al pasado y tratas de dejar huellas? ¿O permaneces dominado por el pasado y elaboras excusas?

Medita en esto. ¡La vida espiritual viene del Espíritu! Tus padres pueden haberte dado sus genes, pero Dios te da su gracia. Tus padres pueden ser responsables por tu cuerpo, pero Dios se ha hecho cargo de tu alma. Es posible que tu aspecto venga de tu madre, pero obtienes la eternidad de tu Padre, tu Padre celestial. Y Dios está dispuesto a darte lo que tu familia no te dio.

Cuando Dios Susurra tu Nombre

Es Tu Decisión

Si alguno quiere venir en pos de mí,
niéguese a sí mismo, y tome su cruz y sígame.

MARCOS 8.34

 Por un lado está la multitud.

Burlándose. Acosando. Exigiendo.

Por el otro está un campesino.

Los labios hinchados. Un ojo inflamado. Excelsa promesa.

Un lado promete aceptación, el otro una cruz.

Uno ofrece carnalidad y ostentación, el otro ofrece se.

La multitud grita desafiante:«Síguenos e incorpórate».

Jesús promete: «Sígueme y permanecerás».

Ellos prometen complacencia. Dios promete salvación.

Dios te mira y pregunta, ¿A cuál elegirás?

El Trueno Apacible

¿Qué Hace Que Dios Sea Dios?

Si fuéramos infieles,
Él permanece fiel; Él no puede
negarse a sí mismo.

2 TIMOTEO 2.13

Las bendiciones de Dios se dispensan de acuerdo con las riquezas de su gracia, no de acuerdo con la profundidad de nuestra fe.

¿Por qué es importante saber eso? Para que no nos volvamos cínicos. Mira en derredor tuyo. ¿Acaso no hay más bocas que panes? ¿No hay más heridas que médicos? ¿No son más los que necesitan la verdad que los que la proclaman?

Entonces, ¿qué hacemos? ¿Levantar las manos y salir caminando? ¿Decirle al mundo que no podemos ayudarlos?

No, no nos rendimos. Miramos hacia arriba. Confiamos. Creemos. Y nuestro optimismo no es en vano. Cristo ha probado ser digno de confianza. Ha demostrado que nunca falla. Eso es lo que hace que Dios sea Dios.

El Trueno Apacible

Corre hacia Jesús

Si vivimos, para el Señor vivimos;
y si morimos, para el Señor morimos.

ROMANOS 14.8

¿Te preguntas a veces adónde acudir en busca de estímulo y motivación? Regresa a aquel momento cuando viste por primera vez el amor de Jesucristo. ¿Recuerdas aquel día en que te sentiste separado de Cristo? Solamente conocías la culpabilidad y la confusión, y entonces… una luz. Alguien abrió una puerta y la luz penetró en tu oscuridad, y dijiste en tu corazón: «¡Soy redimido!»

Corre hacia Jesús. Jesús quiere que vayas a Él. Quiere convertirse en la persona más importante en tu vida, el más grande amor que jamás conocerás. Él quiere que lo ames tanto que no quede espacio en tu corazón ni en tu vida para el pecado. Invítalo a morar en tu corazón.

Caminata con el Salvador

Una Búsqueda Diligente

*Sin fe es imposible agradar a Dios; porque es necesario
que el que se acerca a Dios crea que le hay, y que es
galardonador de los que le buscan.*

HEBREOS 11.6

Una versión inglesa traduce así este versículo: «Él es galardonador de quienes lo buscan diligentemente».

Diligentemente. Qué gran palabra. Sé diligente
en tu búsqueda. Muéstrate ansioso en tu indaga-
ción, inexorable en tu peregrinar. Que sea este
libro uno entre docenas que leerás acerca de
Jesús… Aléjate de las pequeñas búsquedas de posesiones y posiciones y busca a tu Rey.

No te conformes con ángeles. No te conformes
con estrellas en el cielo. Búscalo como lo buscaron
los pastores. Anhélalo como lo hizo Simeón.
Adóralo como hicieron los reyes magos. Haz como
hicieron Juan y Andrés: pregunta dónde vive. Haz
como Mateo: invita a Jesús a tu casa. Imita a
Zaqueo. Arriesga lo que sea por ver a Cristo.

Como Jesús

Cuando Dios Dice No

El que a mí viene nunca tendrá hambre,
y el que en mí cree no tendrá sed jamás.

Hay ocasiones en que lo que deseas es lo que nunca obtienes…

Oras y esperas.

No hay respuesta.

Oras y esperas.

¿Puedo hacerte una pregunta muy importante? ¿Qué si Dios dice no?

¿Qué si la petición se demora o te la niega? Cuando Dios te dice que no, ¿cómo respondes? Si Dios dice: «Bástate mi gracia», ¿te quedarías tranquilo?

Tranquilo. Esa es la palabra. Una condición del corazón en la que uno está en paz aún cuando Dios no le dé más de lo que ya le ha dado.

En Manos de la Gracia

Pasión por la Excelencia

Somos hechura suya, creados en Cristo Jesús para
buenas obras, las cuales Dios preparó de antemano
para que anduviésemos en ellas.

EFESIOS 2.10

La pugna por el poder es una fuerza de empuje. Y la mayoría de nosotros estamos empujando o nos empujan.

Yo podría señalar la diferencia entre pasión por la excelencia y las ansias de poder. El anhelo de excelencia es un don de Dios que se necesita mucho en la sociedad. Se caracteriza por el respeto a la calidad y el anhelo de usar los dones de Dios en una forma que le agrade.

Pero hay un abismo de diferencia entre hacer lo mejor por glorificar a Dios y hacer lo que sea por glorificarse a uno mismo. La búsqueda de la excelencia es una señal de madurez. La búsqueda de poder es infantil.

El Aplauso del Cielo

Una Verdadera Familia

Todo aquel que hace la voluntad de mi Padre ...
es mi hermano, mi hermana y mi madre.

MARCOS 3.35

¿Tiene algún comentario Jesús acerca del trato con familiares difíciles? ¿Hubo algún caso en que Jesús llevó paz a una familia herida? Sí.

El suyo propio...

¡Quizás te sorprenda saber que Jesús tenía una familia! Tal vez no estabas enterado de que Jesús tenía hermanos y hermanas. Pues los tuvo. Citando las críticas de los coterráneos de Jesús, Marcos escribió: «¿No es éste el carpintero, el hijo de María, hermano de Jacobo, de José, de Judas y de Simón? ¿No están también aquí con nosotros sus hermanas». (Marcos 6.3)

Y es posible que te sorprenda saber que su familia era menos que perfecta. Es cierto. Si tu familia no te aprecia, aliéntate, que tampoco lo hizo la de Jesús.

Pero Jesús no intentó controlar el comportamiento de su familia, ni permitió que la conducta de ellos controlara la suya. No exigió que estuvieran de acuerdo con Él. Ni se resintió cuando lo insultaban. No fue su misión la de tratar de complacerlos.

Todavía Remueve Piedras

Recompensas Celestiales

*Bienaventurado aquel siervo al cual, cuando
su señor venga, le halle haciendo así.*

MATEO 24.46

El estadio está atestado hoy. Desde el viernes Mark McGwire no ha bateado uno ni dos jonrones, sino tres. Por treinta y siete años nadie pudo batear más de sesenta y un jonrones en una temporada; pero ya el bateador del San Luis ha bateado sesenta y ocho. Y aún no ha terminado… Los fanáticos están de pie antes de que venga a batear; y se mantienen de pie hasta mucho después de que cruza la base…

No cualquiera puede ser un Mark McGwire. Por cada millón de aspirantes, solo uno lo logra. La vasta mayoría no le pegamos duro a la gran pelota, no sentimos el confeti, no ostentamos la medalla de oro, no pronunciamos el discurso de despedida.

Y eso está bien. Comprendemos que en las cuestiones de la tierra, hay un limitado número de coronas.

En las cuestiones del cielo, sin embargo, es refrescantemente diferente. Los premios celestiales no se limitan a unos pocos escogidos, sino «a todos los que aman su venida» (2 Timoteo 4.8).

Cuando Cristo Venga

El Puente de la Confesión

> *Dije: Confesaré mis transgresiones*
> *a Jehová; y tú perdonaste la*
> *maldad de mi pecado.*
>
> SALMO 32.5

Había una vez una pareja de campesinos que no se llevaban bien. Un ancho barranco separaba sus dos fincas, pero como señal de su mutua aversión, cada uno construyó una cerca del lado suyo del barranco para mantener fuera al otro.

Con el tiempo, sin embargo, la hija de uno hizo amistad con el hijo del otro, y se enamoraron. Determinados a no mantenerse separados por la tontería de sus padres, echaron abajo la cerca y utilizaron la madera para construir un puente que cruzara la hondonada.

Eso hace la confesión. El pecado confeso se convierte en un puente sobre el cual podemos regresar a la presencia de Dios.

En Manos de la Gracia

Dios Nos Conoce por Nombre

Jehová es mi pastor,
nada me faltará.

SALMO 23.1

Las ovejas no son inteligentes. Tienden a vagar por los riachuelos en busca de agua, pero su lana crece y las hace pesadas y se ahogan. Necesitan de un pastor que las guíe hacia «aguas de reposo» (Salmo 23.2). No tienen defensas naturales: ni garras, ni cuernos ni colmillos. Están indefensas. Las ovejas necesitan un pastor con «su vara y su cayado» (Salmo 23. 4) que las proteja. No tienen sentido de dirección. Necesitan a alguien que las guíe «por sendas de justicia» (Salmo 23.3).

Lo mismo que nosotros. También tendemos a dejarnos arrastrar por aguas que debimos haber evitado. No tenemos defensas contra el león rugiente que ronda buscando a quien devorar. Nosotros, también, nos extraviamos.

Necesitamos un pastor. Necesitamos un pastor que cuide de nosotros y nos guíe. Y tenemos uno. Uno que nos conoce por nombre.

El Trueno Apacible

Nada Que No Sea Jesús

*Si guardareis mis mandamientos, permaneceréis en mi
mor; así como yo he guardado los mandamientos
de mi Padre y permanezco en su amor.*

Dios premia a quienes lo buscan. No a los
que buscan doctrina o religión o sistemas o creencias.
Muchos se conforman con estas cuestiones de inferior importancia, pero la recompensa es para los que
no se conforman con nada menos que el propio
Jesús. ¿Y cuál es la recompensa? ¿Qué aguarda a
quienes buscan a Jesús? Nada menos que el corazón
de Jesús. «Somos transformados en la misma imagen
[de Jesús], como por el Espíritu del Señor» (2
Corintios 3.18).

¿Puedes pensar en un regalo más grandioso que
poder ser como Jesús? Cristo no sintió remordimiento; Dios quiere borrar los tuyos. Jesús no tuvo vicios;
Dios quiere desterrar los tuyos. Jesús no tenía temor
a la muerte; Dios quiere que tú no tengas temor.
Jesús sentía piedad por el enfermo y misericordia por
el rebelde y valor ante los desafíos. Dios quiere que
sientas lo mismo.

Él quiere que seas como Jesús.

Como Jesús

Deja a un Lado Tus Cargas

Bendito el Señor;
cada día nos colma
de beneficios.

SALMO 68.19

Tal vez la carga más pesada que tratamos de llevar sea la carga de nuestros errores y fracasos. ¿Qué haces con tus fracasos?

Aunque hayas caído, aunque hayas fracasado, aunque todos te hayan rechazado, Cristo no te abandonará. Él vino primero y principalmente a quienes no tenían esperanza. Él va a aquellos a quienes nadie va y les dice: «Yo te daré eternidad».

Solamente tú puedes entregar tus preocupaciones al Padre. Nadie puede quitártelas y entregárselas a Dios. Solamente tú puedes echar tus ansiedades sobre el único que tiene cuidado de ti. ¿Qué mejor manera de comenzar el día que dejando tus cargas a sus pies?

Caminata con el Salvador

Medita en el Amor de Dios

*Que seáis plenamente capaces de
comprender con todos los santos cuál sea
la anchura, la longitud, la profundidad y
la altura, y de conocer el amor de Cristo.*

EFESIOS 3.18

 No hay modo de que nuestras limitadas
mentes puedan comprender el amor de Dios. Pero
esto no fue impedimento para que Él viniera.

*Desde el pesebre de Belén a la cruz de Jerusalén
hemos meditado sobre el amor de nuestro
Padre. ¿Qué podrías decir acerca de ese tipo de
emoción? Al conocer que Dios prefiere morir
antes que vivir sin ti, ¿cómo reaccionas? ¿Cómo
puedes explicar tal pasión?*

En Manos de la Gracia

Diciembre

En cuanto a Dios, perfecto es su camino.

—Salmo 18.30

El Círculo de los Ganadores

El Señor recompensará a cada uno
por el bien que haya hecho, sea esclavo o sea libre.

EFESIOS 6.8, NVI

Aunque no sabemos mucho de la vida venidera, una cosa es cierta. El día que Cristo venga será un día de recompensa. Muchos que fueron desconocidos en la tierra serán bien conocidos en el cielo. Los que nunca oyeron los vítores de los hombres oirán los vítores de los ángeles. Los que no recibieron las bendiciones de un padre oirán las bendiciones de su Padre celestial. El pequeño será grande. El olvidado será recordado. Al incógnito se le coronará y al fiel se le honrará.

El círculo de los vencedores no está reservado para un puñado de la élite, sino para un cielo lleno de hijos de Dios que «recibirán la corona de la vida que Dios ha prometido a los que le aman» (Santiago 1.12).

Cuando Cristo Venga

Dios es Por Ti

*Él se gozará sobre ti con alegría, callará de amor,
se regocijará sobre ti con cánticos.*

Dios es *por* ti. Mira al otro lado de la línea;
ese es Dios vitoreándote. Mira más allá de la meta;
ese es Dios aplaudiendo tus pasos. Escúchale en las
graderías, gritando tu nombre. ¿Demasiado cansado
para continuar? Él te cargará. ¿Demasiado desalenta-
do para luchar? Él te está levantando. Dios es por ti.

Dios es por *ti*. Si él tuviera un calendario, tu
cumpleaños estaría marcado con un círculo. Si con-
dujera un automóvil, tu nombre estaría en su para
choques. Si hubiera un árbol en el cielo, hubiera ta-
llado tu nombre en la corteza.

«¿Se olvidará la mujer de lo que dio a luz, para
dejar de compadecerse del hijo de su vientre?», pregunta Dios en Isaías 49.15. Qué ridículo. Madres,
¿pueden imaginarse amamantando a su bebé y luego
preguntando: «¿Cómo se llama?» No. He visto cómo
atienden a sus criaturas. Le acarician el pelo, le tocan
las mejillas, cantan su nombre una y otra vez. ¿Puede
una madre olvidar? No. «Aunque olvide ella, nunca
me olvidaré de ti», promete Dios (Isaías 49.15).

En Manos de la Gracia

La Cura de la Desilusión

En cuanto a Dios, perfecto es su camino.

SALMO 18.30

Cuando Dios no hace lo que queremos, no resulta fácil. Nunca lo ha sido. Nunca lo será. Pero la fe es la convicción de que Dios sabe más que nosotros acerca de esta vida y nos llevará a través de ella.

Recuerda, la desilusión se cura con expectativas renovadas.

Me gusta el relato del hombre que fue a la tienda de mascotas en busca de una cotorra que cantara. Parece que era soltero y que su casa era demasiado silenciosa. El tendero tenía precisamente el pájaro que él necesitaba, de modo que lo compró.

Al siguiente día, cuando el hombre regresó del trabajo, se encontró con una casa llena de música. Fue hasta la jaula para dar de comer al pájaro y notó, por primera vez, que la cotorra tenía solamente una pata.

Se sintió defraudado porque le vendieron un pájaro cojo, de modo que llamó por teléfono al tendero para quejarse.

«¿Qué es lo que usted quiere», le preguntó este, «un pájaro que cante o un pájaro que baile?»

Buena pregunta para los momentos de desilusión.

Todavía Remueve Piedras

El Matador del Alma

La paga del pecado es muerte.

El pecado hace a una vida lo que las tijeras a una flor. Un corte en el tallo separa a la flor de su fuente de vida. Inicialmente la flor es atractiva, llena de color y vitalidad. Pero observa la flor después de un tiempo, y verás como las hojas se marchitan y los pétalos se caen. No importa cuánto hagas, la flor jamás volverá a vivir. Rodéala de agua. Hunde el tallo en la tierra. Abónala con fertilizante. Pega la flor a su tallo. Haz lo que quieras. La flor está muerta.

Un alma muerta no tiene vida.

El alma se marchita y muere si está separada de Dios. La consecuencia del pecado no es un mal día ni una mala disposición de ánimo, sino un alma muerta. La señal de un alma muerta es clara: labios envenenados y bocas que maldicen, pies que llevan a la violencia y ojos que no ven a Dios.

La obra definitiva del pecado es la muerte del alma.

En Manos de la Gracia

Pensamientos de Dios

¡Cuán grandes son tus obras, oh Jehová! Muy profundos
son tus pensamientos.

SALMO 92.5

Los pensamientos de Dios no son nuestros pensamientos, y ni siquiera son como los nuestros. No estamos ni remotamente cerca. Pensamos: *Preserva el cuerpo.* Él piensa: *Salva el alma.* Evitamos el dolor y buscamos la paz. Dios usa el dolor para traer paz. «Voy a vivir la vida antes que muera», decidimos. *Muere y podrás vivir,* nos instruye Él. Nos encanta lo que se oxida. A Él le encanta lo que perdura. Nos regocijamos en nuestros éxitos. Él se regocija con nuestras confesiones. Mostramos a nuestros hijos la mejor ropa del mundo con una sonrisa de un millón de dólares y le decimos: «Sé como Mike Jordan». Dios nos señala al carpintero crucificado con labios ensangrentados y el costado traspasado y nos dice: «Sé como Cristo».

La Gran Casa de Dios

Una Afirmación Celestial

Seré para vosotros por Padre, y vosotros me seréis
hijos e hijas, dice el Señor Todopoderoso.

2 CORINTIOS 6.18

Todos soñamos con que nuestra familia sea una familia ideal, con que nuestros mejores amigos sean los de nuestra propia sangre. Jesús no tuvo esas expectativas. Observa cómo definió a su familia: «Todo aquel que hace la voluntad de Dios, ése es mi hermano, y mi hermana y mi madre» Marcos 3.35).

Jesús no obligó a sus hermanos a compartir sus convicciones. Reconoció que su familia espiritual podría ofrecerle lo que no podía ofrecerle su familia física.

No podemos controlar la reacción de nuestra familia. En cuanto a la conducta de otros, nuestras manos están atadas. Debemos superar la expectativa ingenua de que si obramos bien, nos tratarán como corresponde. Lo cierto es que tal vez lo hagan, pero siempre está la posibilidad de que no. No tenemos control alguno sobre cómo la gente va a reaccionar ante nosotros.

Permite que Dios te dé lo que tu familia no te proporcionará. Si tu padre terrenal no te apoya, permite que tu Padre celestial tome su lugar.

Y no te desanimes. Dios aún cambia a las familias.

Todavía Remueve Piedras

No Hay Preocupaciones en el Cielo

*Enjugará Dios toda lágrima de los ojos
de ellos, y ya no habrá muerte, ni habrá
más llanto, ni clamor, ni dolor.*

APOCALIPSIS 21.4

¿Qué has hecho hoy para evadir la muerte? Probablemente mucho. Has tomado píldoras, has hecho ejercicio, has evitado los dulces y has seguido cuidándote de las grasas. ¿Por qué? ¿Por qué tanto esfuerzo?

Porque quieres mantenerte vivo. En el cielo no existirán preocupaciones como estas.

En realidad, no volverás a tener preocupaciones. Algunas madres se preocupan si sus hijos se lastiman. En el cielo no tendrán que preocuparte. En el cielo no sentiremos dolor. Algunos se preocupan por el envejecimiento. Pero en el cielo no será así, pues allí nuestra fuerza no menguará.

No somos hechos de acero, sino de polvo. Y esta vida no se corona con vida, sino con muerte.

La próxima vida, sin embargo, es diferente. Jesús instó a los cristianos de Esmirna a ser fieles hasta la muerte, «y yo te daré la corona de la vida» (Apocalipsis 2.10).

Cuando Cristo Venga

La Oración Como Recordatorio

La oración eficaz del justo puede mucho.

La oración es el reconocimiento de que si Dios no se hubiese envuelto en nuestros problemas, aún estaríamos perdidos en las tinieblas. Es por su misericordia que hemos sido levantados. La oración es todo el proceso que nos recuerda quién es Dios y quiénes somos nosotros.

Yo tengo la certeza de que en la oración hay un gran poder. Creo que Dios sana al herido, y levanta al que está muerto. Pero no creo que nos corresponde decirle a Dios lo que tiene que hacer ni cuándo debe hacerlo.

Dios sabe que, con nuestra limitada visión, ni siquiera sabemos por qué debemos orar. Cuando le encomendamos nuestras peticiones, confiamos en que honrará nuestras oraciones con su santo criterio.

Caminata con el Salvador

Gracia Sobre Gracia

He aprendido a contentarme,
cualquiera que sea mi situación.

FILIPENSES 4.11

Pruébate con esta pregunta: ¿Qué si el único regalo que Dios da fuera su gracia para salvarnos? ¿Te contentarías? Le suplicarías que salve la vida de tu hijo. Le rogarías que mantenga tu negocio a flote. Le implorarías que elimine el cáncer de tu cuerpo. Qué tal si su respuesta es: «Bástate mi gracia». ¿Te quedarías contento?

Es que desde la perspectiva del cielo, la gracia es suficiente. Si Dios no hace otra cosa que salvarnos del infierno, ¿puede alguien quejarse? Después de darnos la vida eterna, ¿nos atrevemos a refunfuñar por un cuerpo adolorido? Después de darnos las riquezas celestiales, ¿nos atrevemos a lamentar la pobreza terrenal?

Si tienes ojos para leer estas palabras, manos para sostener este libro, medios para comprar este tomo, ya tienes gracia sobre gracia.

En Manos de la Gracia

Ataviada Como una Novia

El que tiene la esposa es el esposo.

JUAN 3.29

La descripción que hace Juan del futuro en el libro de Apocalipsis te deja sin aliento. Su descripción de la batalla final es gráfica. El bien choca con el mal. Lo sagrado se enfrenta a lo pecaminoso. Las páginas braman con chillidos de dragones y humean a causa de los carbones de las fosas ardientes. Pero en medio del campo de batalla hay una rosa. Juan la describe en el capítulo 21.

Yo vi la Santa Ciudad de Jerusalén descender del cielo de Dios, dispuesta como una esposa ataviada para su marido.

En este encuentro final en la cumbre, Dios levanta el telón y permite al guerrero echarle un vistazo a la patria. Cuando se le encomienda la tarea de poner por escrito lo que ve, Juan escoge la comparación más hermosa que la tierra puede ofrecer. La Ciudad Santa, dice Juan, es como «una esposa bellamente ataviada para su marido».

El Aplauso del Cielo

Sencillamente Ora

¿Está alguno entre vosotros afligido?
Haga oración. ¿Está alguno alegre?
Cante alabanzas.

SANTIAGO 5.13

¿Quieres saber cómo profundizar tu vida de oración? Ora. No hagas preparativos para orar. Sencillamente ora. No leas acerca de la oración. Sencillamente ora. No asistas a una conferencia sobre la oración ni participes en discusiones sobre la oración. Sencillamente ora.

La postura, el tono o el lugar son cuestiones personales. Escoge la forma que te conviene. Pero no pienses mucho en eso. No te preocupes tanto por la envoltura del regalo que no llegues a entregarlo. Es preferible que ores torpemente a que no ores.

Y si piensas que solamente debes orar cuando estás inspirado, está bien. Pero procura estar inspirado todos los días.

Cuando Dios Susurra tu Nombre

Dios No Es Difícil de Encontrar

Ciertamente, el bien y la misericordia
me seguirán todos los días de mi vida,
y en la casa de Jehová moraré
por largos días.

SALMO 23.6

Qué manera tan sorprendente de describir a Dios. Un Dios que nos persigue.

¿Nos atrevemos a visualizar un Dios móvil y activo que nos sigue, que nos busca, que va tras de nosotros con bondad y misericordia todos los días de nuestra vida? Dios no es difícil de encontrar. Lo vemos en la Biblia en busca de Adán y Eva. Estos están escondidos en los arbustos, en parte para cubrirse el cuerpo, y en parte para cubrir su pecado. ¿Espera Dios que ellos vayan a Él? No, y sus palabras resuenan en el huerto. «¿Dónde estás?» pregunta Dios (Génesis 3. 9) y emprende su lucha por redimir el corazón del hombre. En esa lucha sigue a sus hijos hasta que sus hijos lo sigan a Él.

El Regalo Para Todas las Personas

Un Precio Indecible

A todos los que le recibieron,
a los que creen en su nombre,
les dio potestad para ser hechos hijos de Dios.

JUAN 1.12

Mientras vivíamos en Río de Janeiro, conocimos a varias familias estadounidenses que fueron a Brasil para adoptar niños. Allí pasaban días, algunas veces semanas, inmersos en un idioma diferente y en una cultura extraña. Lidiaban con el papeleo y pagaban los costosos derechos con la única esperanza de llevarse un niño a vivir con ellos en los Estados Unidos.

¿No ha hecho Dios lo mismo por nosotros? Entró en nuestra cultura, combatió la resistencia y pagó el indecible precio que exigía la adopción. Legalmente somos suyos. Es nuestro dueño. Gozamos de todo privilegio legal otorgado a un hijo suyo. Solamente esperamos que regrese. Estamos, como dijo Pablo, «esperando la adopción» (Romanos 8.23).

Cuando Cristo Venga

Cada Hijo Tiene un Nombre

Yo soy el buen pastor; y conozco mis ovejas,
y las mías me conocen, así como
el Padre me conoce.

JUAN 10:14

El pastor conoce a sus ovejas. Las llama por nombre.

Cuando vemos una multitud, vemos exactamente eso: una multitud. Vemos gente: no personas, sino gente. Una manada de humanos. Un rebaño de rostros. Eso es lo que vemos.

Pero no con el Pastor. Para Él cada rostro es diferente. Cada cara tiene una historia. Cada rostro es un hijo. Cada hijo tiene un nombre.

El pastor conoce a sus ovejas. Conoce a cada una por nombre. El Pastor te conoce. Conoce tu nombre. Y nunca lo olvidará.

Cuando Dios Susurra tu Nombre

¿Un Corazón Quebrantado?

Abominación es a Jehová el camino del impío;
más él ama al que sigue justicia.

PROVERBIOS 15.9

Quizás la herida sea vieja. Un padre que te maltrató. Un maestro que te menospreció. El compañero que te traicionó… Y estás enojado.

O quizás la herida es reciente. El amigo que te debe dinero acaba de pasar con un auto nuevo. El jefe que te contrató con promesas de promoción ni se acuerda cómo se pronuncia tu nombre. Y te sientes herido.

Una parte de ti está quebrantada, y la otra amargada. Parte de ti quiere llorar y parte de ti quiere pelear… Hay un fuego en tu corazón. Es el fuego de la ira.

Debes tomar una decisión. «¿Apago el fuego o lo avivo? ¿Supero el asunto o busco la venganza? ¿Lo saco de mí o alimento el resentimiento? ¿Permito que mis heridas sanen o permito que el dolor se convierta en odio?»

La infidelidad es mala. La venganza también lo es. Pero lo peor de todo es que, sin perdón, lo único que queda es la amargura.

El Aplauso del Cielo

Palabras de Promesas

> *Un niño nos es nacido … y se llamará su nombre*
> *Admirable, Consejero, Dios fuerte,*
> *Padre eterno, Príncipe de paz.*
>
> ISAÍAS 9.6

Cada Navidad leo este recordatorio que llegó por correo hace varios años.

Si nuestra mayor necesidad hubiese sido la información, Dios nos habría enviado un educador. Si nuestra mayor necesidad hubiese sido la tecnología, Dios nos habría enviado un científico. Si nuestra mayor necesidad hubiese sido el dinero, Dios nos habría enviado un economista. Pero como nuestra mayor necesidad era la del perdón, Dios nos envió un Salvador.

Tarjetas de Navidad. Promesas puntualizadas. Frases que declaran por qué hacemos las cosas.

Se hizo como nosotros, para que pudiésemos llegar a ser como Él.

Los ángeles aún cantan y la estrella todavía nos llama.

Él nos ama a cada uno de nosotros como si solamente hubiese uno de nosotros para amar.

Cuando Dios Susurra tu Nombre

A Causa de Nuestra Necesidad

*No envió Dios a su Hijo
al mundo para condenar al mundo,
sino para que el mundo sea salvo por él.*

JUAN 3.17

Es inconcebible que unos padres adoptivos
en potencia digan: «Nos gustaría adoptar a Juanito,
pero primero deseamos saber algunas cosas. ¿Tiene
una casa donde vivir? ¿Tiene dinero para los derechos de matrícula? ¿Tiene quién lo lleve a la escuela
cada mañana y ropa para cada día? ¿Puede prepararse
su propia comida y arreglarse la ropas?»

Ninguna agencia aceptaría estas palabras. Su
representante levantaría la mano y les diría: «Un
momento. Ustedes no entienden. Ustedes no adoptan a Juanito por lo que tiene: lo adoptan por lo que
necesita. Este niño necesita un hogar».

Lo mismo ocurre con Dios. Él no nos adopta
por lo que tenemos. No nos da su nombre por nuestro talento, ni por nuestro dinero, ni por nuestra
buena disposición. La adopción es algo que recibi-
mos, no algo que nos ganamos.

La Gran Casa de Dios

¿Lugar para Dios?

Yo estoy a la puerta y llamo.

APOCALIPSIS 3.20

Algunas de las palabras más tristes que se escuchan en la tierra son: «No tenemos lugar para usted».

Jesús conocía el sonido de esas palabras. Él aún se encontraba en el vientre de María cuando el posadero dijo: «No hay lugar para ustedes».

Y el que lo colgaran de la cruz, ¿no fue un mensaje de absoluto rechazo? «No tenemos lugar para ti en este mundo».

Aun hoy Jesús recibe el mismo trato. Va de corazón a corazón, preguntando si puede entrar…

De vez en cuando, lo reciben. Algunos abren de par en par la puerta de su corazón y lo invitan a quedarse. Y a esa persona Jesús le da su gran promesa: «En la casa de mi Padre muchas moradas hay».

¡Qué promesa más grata la que nos hace! Nosotros hacemos espacio para Él en nuestros corazones, y Él hace lugar para nosotros en su casa.

Cuando Cristo Venga

De Rodillas

Dios resiste a los soberbios,
y da gracia a los humildes.

Una pequeña catedral en las afueras de Belén marca el sitio que dicen que es el lugar del nacimiento de Jesús. En la iglesia, detrás de un elevado, hay una cueva, una pequeña caverna alumbrada por lámparas de plata.

Uno puede entrar al edificio principal y admirar la antigua iglesia. Puedes también entrar en la silenciosa cueva donde una estrella grabada en el suelo reconoce el nacimiento del Rey. Existe, sin embargo, una regla. Es necesario agacharse. La puerta es tan baja que no es posible entrar erguido.

Lo mismo es cierto con respecto a Cristo. Es posible ver el mundo en posición erguida, pero para contemplar al Salvador, es necesario arrodillarse.

El Aplauso del Cielo

Es Dádiva de Dios

Toda buena dádiva y todo
don perfecto descienden de lo alto,
del Padre de las luces. en el cual no hay
mudanza, ni sombra de variación.

SANTIAGO 1.17

La conclusión es inevitable: Salvarnos a nosotros mismos sencillamente no resulta. El hombre no tiene la facultad de salvarse a sí mismo.

Pero Pablo anuncia que Dios tiene una forma de hacerlo. Donde el hombre falla Dios sobresale. La salvación viene del cielo hacia abajo, no de la tierra hacia arriba. «Toda buena dádiva y todo don perfecto vienen de lo alto».

Por favor, toma nota: La salvación es dádiva de Dios. Impulsada por Dios, fortalecida por Dios y originada en Dios. El don no es del hombre a Dios. Es de Dios al hombre.

En Manos de la Gracia

Una Noche EXTRAordinaria

Os ha nacido hoy, en la ciudad de David,
un Salvador, que es Cristo, el Señor.

LUCAS 2.11

Una noche común con un rebaño común y pastores comunes. Y si no fuera porque hay un Dios a quien le agrada agregar un «extra» delante de lo común, la noche habría transcurrido inadvertida. El rebaño se habría olvidado y los pastores habrían dormido toda la noche.

Pero Dios danza en medio de lo corriente. Y esa noche bailó un vals.

La oscura noche estalló en fulgor. Los árboles que solamente eran sombra irrumpieron en claridad. El rebaño que había guardado silencio se convirtió en un coro de curiosidad. El pastor, que en un momento se hallaba profundamente dormido, de repente se frotaba los ojos mirando fijamente el rostro de un extraterrestre.

La noche dejó de ser una noche ordinaria.

El ángel llegó en la noche porque es cuando las luces se ven mejor y es cuando son más necesarias. Dios viene a lo común por la misma razón. Sus herramientas más poderosas son las más sencillas.

El Aplauso del Cielo

El Don de la Gracia

El que me halle, hallará la vida,
y alcanzará el favor de Jehová.

PROVERBIOS 8.35

La gracia nace de Dios y la recibe el hombre…
Este concepto basta para que el cristianismo se distinga
de cualquier otra religión del mundo… Cualquier otro
acercamiento a Dios es un sistema de regateo: si hago
esto, Dios hará aquello. Uno se salva por obras (lo que
hago), o por emociones (lo que experimento), o por
conocimiento (lo que sé).

Por contraste, el cristianismo no tiene ningún
viso de negociación. El hombre no es el negociador;
el hombre no tiene base para negociar.

En Manos de la Gracia

Grandes Regalos de Dios

¡Gracias a Dios por su don inefable!

2 Corintios 9.15

¿Por qué lo hizo? Una choza habría bastado, pero nos dio una mansión. ¿Tenía Él que dar a las aves una canción y a las montañas una cumbre? ¿Le fue exigido ponerle franjas a la cebra y joroba al camello? ¿Por qué envolver la creación con tanto esplendor? ¿Por qué molestarse tanto para darnos esos regalos?

¿Por qué lo haces? Tú haces lo mismo. Te he visto escogiendo regalos. Te he visto recorriendo los centros comerciales y caminando por los pasillos. No me refiero a los regalos obligatorios, sino a esa persona extraespecial y a ese regalo extraespecial. ¿Por qué lo haces? Lo haces para que el corazón se detenga. Lo haces para que quede boquiabierta. Lo haces para escuchar sus palabras de incredulidad: «¿Lo hiciste por *mí*?».

Por eso lo haces. Y también es por lo que Dios lo hizo. La próxima vez que un amanecer te deje sin aliento o una pradera de flores te deje sin habla, quédate así. Guarda silencio y escucha al cielo susurrar: «¿Te agrada? Lo hice solo para ti».

La Gran Casa de Dios

La Promesa Permanece

*Jacob engendró a José, marido
de María, de la cual nació Jesús,
llamado el Cristo.*

MATEO 1.16

Parece que el único lazo común entre los abuelos no tan importantes de Jesús fue una promesa. Una promesa del cielo que Dios los usaría para enviar a su hijo.

¿Por qué Dios usó a estas personas? No tenía que hacerlo. Pudo solamente haber depositado al Salvador en el escalón de una puerta. Habría sido más sencillo de esa forma. ¿Y por qué Dios nos cuenta sus historias?

Muy sencillo. Él quiere que sepamos que cuando el mundo se alborota, Él permanece en calma.

¿Deseas alguna prueba? Lee el último nombre en la lista de la genealogía de Jesús. A pesar de todos los halos torcidos y los pasos inestables de su pueblo, el último nombre de la lista es el primero que fue prometido: Jesús.

No hay más nombres en la lista. No se necesitan más. Es como si Dios anunciara a un mundo que duda: «Miren, lo hice. Tal cual dije que lo haría».

Cuando Dios Susurra tu Nombre

Dios Se Hizo Hombre

Se despojó a sí mimo,
tomando forma de siervo,
hecho semejante a los hombres.

FILIPENSES 2.7

Todo ocurrió en un momento extraordinario… un momento como ningún otro.

Dios se hizo hombre. Llegó la Divinidad. El cielo se abrió y colocó lo más precioso suyo en un vientre humano.

El Omnipotente, en un instante, se hizo carne y sangre. Aquel que era más grande que el universo se convirtió en un embrión microscópico. Y el que sostiene al mundo, escogió con una palabra depender de una joven para su nutrición.

Dios se había acercado.

Dios se Acercó

La Fuerza del Amor de Dios

Dios muestra su amor para con nosotros,
en que siendo aún pecadores,
Cristo murió por nosotros.

ROMANOS 5.8

«¿Puede algo hacer que yo deje de amarte?», pregunta Dios. «Obsérvame hablar tu idioma, dormir sobre tu tierra y sentir tu dolor. Observa al autor de la vista y el sonido cómo estornuda, tose y se sopla la nariz. ¿Entiendo yo cómo te sientes? Mira a los ojos inquietos del niño en Nazaret; es Dios que camina hacia la escuela. Considera al muchachito a la mesa con María; es Dios que derrama la leche.

«¿Te preguntas cuánto durará mi amor? Encuentra la respuesta en una cruz astillada, sobre una colina escabrosa. Es a mí a quien ves allí, tu Creador, tu Dios, clavado y sangrando. Cubierto de escupidas e impregnado de pecados.

«Es tu pecado el que estoy sintiendo. Es tu muerte la que estoy muriendo. Es tu resurrección la que estoy viviendo. Eso es lo mucho que te amo».

En Manos de la Gracia

Entrada al Gozo

Desataste mi silicio, y me ceñiste de alegría.

El primer paso hacia el gozo es una súplica de ayuda, un reconocimiento de destitución moral, una admisión de insuficiencia interior. Si alguien prueba la presencia de Dios es porque se ha declarado en bancarrota espiritual y está consciente de su crisis espiritual. Su alacena está exhausta. Sus bolsillos están vacíos. Sus opciones desaparecieron. Desde hace mucho tiempo dejó de reclamar justicia; ahora implora misericordia...

Le pide a Dios que haga por él lo que no puede hacer sin Él. Ha visto cuán santo es Dios y cuán pecador es él, y ha convenido con la declaración de Jesús: «Para el hombre es imposible».

Ah, la ironía del gozo de Dios: nace en el reseco terreno de la destitución y no en el suelo fértil de la realización.

Es un camino que no estamos acostumbrados a tomar. No reconocemos con frecuencia nuestra impotencia. Reconocer el fracaso no suele ser una entrada al gozo. La confesión completa no suele ir seguida del perdón total. Pero volvamos a lo mismo: Dios no se ha regido nunca por lo que es común.

El Aplauso del Cielo

Inmersos en la Gracia

[Que] el Dios de toda gracia, que nos llamó a
su gloria eterna en Jesucristo, después que
hayáis padecido un poco de tiempo, él mismo
os perfeccione, afirme, fortalezca y establezca.

1 PEDRO 5.10

Creer que estamos total y eternamente libres de deudas no suele ser fácil. Aunque hayamos estado ante el trono y oído esto por boca del mismo rey, seguimos dudando. Como resultado, muchos reciben solamente un perdón parcial, no porque la gracia del rey sea limitada, sino porque la fe del pecador es pequeña. Dios está dispuesto a perdonarlo todo. Está dispuesto a hacer borrón y cuenta nueva. Nos guía a un estanque de misericordia y nos invita a bañarnos. Algunos se sumergen. Pero otros solamente tocan la superficie. Estos se van con el sentimiento de que no han sido perdonados.

Donde falta la gracia de Dios, nace la amargura. Pero donde la gracia de Dios se abraza, florece el perdón.

Cuanto más nos sumergimos en la gracia, más probabilidades hay de que otorguemos gracia.

En Manos de la Gracia

Dios Cambia a las Familias

Todos éstos perseveraban unánimes,
en oración y ruegos, y con María
la madre de Jesús, y con sus hermanos.

Dios ha probado ser un padre fiel. Ahora nos toca a nosotros ser hijos confiados. Permite que Dios te dé lo que tu familia no te da. Permítele llenar el vacío que otros han dejado. Busca en Él fortaleza y aliento. Observa las palabras de Pablo: «Eres hijo de Dios, y *Dios te dará las bendiciones que te prometió,* porque tú eres su hijo» (Gálatas 4.7).

Contar con la aprobación de tu familia es deseable, pero no es necesario para lograr la felicidad y no siempre es posible. Jesús no permitió que la complicada dinámica de su familia ensombreciera el llamado de Dios. Y como no lo permitió, el asunto de su familia tiene un final feliz.

Les dio espacio, tiempo y gracia. Y porque así lo hizo, ellos cambiaron. Un hermano se convirtió en apóstol (Gálatas 1.19) y otros llegaron a ser misioneros (1 Corintios 9.5).

Todavía Remueve Piedras

Nuestro Objetivo

Todo lo mío es tuyo,
y lo tuyo mío; y he sido
glorificado en ellos.

JUAN 17.10

Dios se ha dedicado a cambiar la faz del mundo.

Permítaseme expresarme con toda claridad. Este cambio es su tarea, no la nuestra. Nuestro objetivo no es lograr que nuestros rostros sean radiantes. Ni siquiera Jesús hizo eso. Mateo dice que «la apariencia de Jesús fue transformada», no que «Jesús cambió su apariencia». Moisés no sabía que su rostro resplandecía (Éxodo 34.29). Nuestro objetivo no es inventar ninguna expresión falsa y rígida. Nuestro objetivo es sencillamente estar delante de Dios con un corazón preparado y dispuesto y entonces dejar que Dios obre.

Y lo hace. Él enjuga las lágrimas. Seca el sudor. Atenúa nuestro ceño fruncido. Toca nuestras mejillas. Nos cambia el rostro mientras adoramos.

Como Jesús

Palabras Anhelantes

> *La paz os dejo, mi paz os doy;*
> *yo no os la doy como el mundo la da.*
> *No se turbe vuestro corazón, ni tenga miedo.*
>
> JUAN 14.27

Si supieras que vine a ayudar y no a condenar. Si supieras que mañana será mejor que hoy. Si supieras qué regalo te he traído: vida eterna. Si supieras que deseo que llegues bien a casa.

Si lo supieras.

Qué anhelo expresan estas palabras que salen de los labios de Dios. Cuán noble fue al dejárnoslas escuchar. Cuán vital que nos detengamos a escucharlas. Si supiéramos confiar. Confiar en que Dios está de nuestra parte. Confiar en que Dios desea lo que es mejor…

Si pudiéramos aprender a confiar en Él.

El Trueno Apacible

ACKNOWLEDGMENTS

Este material ha sido entresacado de diferentes obras del autor, la mayoría de las cuales ya han sido traducidas al castellano. A continuación ofrecemos una lista de las obras en cuestión y las editoriales que las publicaron. Si no está traducida al castellano, damos el nombre en inglés y una traducción del mismo.

Grupo Nelson
El Aplauso del Cielo

Todavía Remueve Piedras

Cuando Dios Susurra Tu Nombre

El Trueno Apacible

En Manos de la Gracia

La Gran Casa de Dios

Como Jesús

Regalo para todo el Mundo

Editorial Unilit:
Con Razón lo Llaman el Salvador

Y los Ángeles Guardaron Silencio

Editorial Vida

Dios se acercó

Seis Horas de un Viernes

Thomas Nelson, Inc.

In the Eye of the Storm [En el Ojo de la Tormenta]